Franz Xaver Nguyên van Thuân

Hoffnungswege

Botschaft der Freude aus dem Gefängnis

mit einem Vorwort von
Joachim Kardinal Meisner

Patris Verlag – Vallendar

Bibliografische Information Der Deutschen Bibliothek
Die Deutsche Bibliothek verzeichnet diese Publikation in der Deutschen Nationalbibliografie; detaillierte bibliografische Daten sind im Internet über http://dnb.ddb.de abrufbar.

Französische Ausgabe:
Nguyên van Thuân, Sur le Chemin de l'Espérance
(c) 1991 Librairie Artème Fayard, France

Englische Ausgabe:
Nguyên van Thuân, The Road of Hope
(c) 1992 Esperanti Publications, Australia

Italienische Ausgabe:
Nguyên van Thuân, Il Cammino Della Speranza
(c) 1992 Città Nuova, Italia

Deutsche Erst-Ausgabe:
Nguyên van Thuân, Hoffnungswege
(c) 1993 by Patris Verlag GmbH, Vallendar-Schönstatt

Mit Gutheißung des Autors wurde die vorliegende deutsche Fassung der etwas freieren französischen Übersetzung angeglichen. So wird dem Leser der Zugang zum Verständnis der Texte erleichtert.

Das dritte Kapitel der „Hoffnungswege“ in der vierten und fünften deutschen Auflage entspricht den Texten der französischen, englischen, italienischen und deutschen Ausgabe aus den Jahren 1991 bis 1993. Die deutsche zweite Ausgabe aus dem Jahr 2008 wurde erweitert durch eine Kurzbiografie über Kardinal Nguyên van Thuân (Kapitel 1.) und Aussagen aus seiner Feder zum Weltjugendtag 1997 in Paris (Kapitel 2.).

Deutsche erweiterte 5. Auflage:

ISBN 978-3-87620-317-1
Satz: Markus Kluck, Höhr-Grenzhausen
Cover: Hildegard Corinna Hug, Vallendar
Druck: Siebengebirgsdruck, Bad Honnef

Inhalt

III. Aus dem Gefängnis

Der Erzbischof von Köln

Vorwort

Die zweite Enzyklika unseres Heiligen Vaters Papst Benedikt XVI. „Spe salvi“ ist wie ein großartiger Kommentar des 1993 beim Patris Verlag in Vallendar erschienenen und vergriffenen Buches „Hoffnungswege“ von Franz Xaver Nguyên van Thuân. Das Büchlein trägt den Untertitel: „Botschaft der Freude aus dem Gefängnis“. Ich habe selten ein Buch mit so viel innerer Bewegung und mit so viel geistlichem Gewinn gelesen wie dieses Zeugnis von Kardinal van Thuan. Dass dieses Buch längst vergriffen ist, wundert mich nicht. Umso mehr freut es mich, dass die Nachfrage nach diesem Hoffnungszeugnis so groß ist, dass sich der Verlag nun entschlossen hat, eine erweiterte Auflage dieses Buches erscheinen zu lassen.

Da der Autor inzwischen in die Ewigkeit abberufen worden ist, wird dem Buch eine Kurzbiografie vorangestellt, und dann folgt seine geistliche Hinführung zum XII. Weltjugendtag 1997 in Paris über die Wunderbare Brotvermehrung nach Johannes 6,5-11 mit den fünf Broten und zwei Fischen. Jedes Wort, das uns Kardinal van Thuân ans Herz legt, ist von ihm in bedrängter Situation erlebt, erprobt, durchlitten und bewährt worden. Darum springen gleichsam seine Erfahrungen mit dem österlichen Herrn wie ein Funke sofort auf den Leser über. Man legt die „Hoffnungswege“ immer besser weg, als man sie in die Hand genommen hat.

Jeder, der diese Texte gelesen und betrachtet hat, wird immer wieder danach greifen. Die „Hoffnungswege“ gehören zu den Büchern, die im Bücherschrank immer griffbereit sein sollten. Gerade in den Stunden der Bewährung, des Zweifels und der inneren Not sind die „Hoffnungswege“ von Kardinal van Thuân wie das rettende Licht, wie der Halt gebende Anker. In diesen Texten wird nicht theologisiert und theoretisiert, sondern auf einem sehr hohen geistigen Niveau meditiert und praktiziert. Diese Theologie geht sofort ins Blut und wird zum Leben und bewegt zur Nachfolge Christi und zur Freude an Gott und seiner Offenbarung. Ich wüsste persönlich kein schöneres Geschenk, welches man einem Mitchristen gleichsam als Wegzehrung in die Hand drücken oder als Schutzengel an die Hand geben könnte.

Diese Aufzeichnungen werden für unsere Generation und die kommenden Generationen sehr wichtig werden. Je mehr die Ordnung Gottes in unserer Umwelt auf den Kopf gestellt wird, umso größer wird die Verwirrung unter den Menschen und umso beängstigender oft die Vereinsamung eines Christen werden. Dann zeigen diese Glaubenszeugnisse aus dem Kerker vietnamesischer kommunistischer Gefängnisse, dass für den auferstandenen Herrn keine Situation so geschlossen und vermauert ist, dass er mit seinem strahlenden Osterleib nicht die Verängstigten und Verlorenen besuchen und stärken könnte. Das war am ersten Ostertag so, als der Herr durch verschlossene Türen in den Kreis der angsterfüllten Jünger trat, und das war so zweitausend Jahre später, als der Auferstandene in das Gefängnis des kommunistischen Vietnam trat, um seine Diener zu besuchen, zu stärken und zu trösten. „Das ist der Sieg, der die Welt besiegt hat: unser Glaube" (1 Joh 5,4). Davon gibt dieses Buch glaubwürdig Zeugnis.

Köln, im Juni 2008

+ Joachim Kard. Meisner

+ Joachim Kardinal Meisner
Erzbischof von Köln

Zum Geleit

Ich bin ein Stück Weg gegangen,
In Freude und Leid,
Aber stets mit Hoffnung erfüllt,
Weil unser Herr und die Mutter Gottes Maria
Mich stets begleiteten.
Gäbe mir Gott wieder die Wahl,
Würde ich keinen anderen Weg wählen.
Glück und Frohsinn wurden mir zuteil,
Weil ich auf Gott vertraute
Und nur die Liebe kannte.

Am heutigen Tag schenkt mir Gott
Das Glück bei ihm zu verweilen.
Ich beginne die Niederschrift meiner Gedanken
für dich,
Wie ich es lange Zeit gewünscht habe.
Das sind bescheidene Mitteilungen des Herzens,
Erfahrungen aus meinem Leben.
Mitteilungen aus dem Herzen eines Vaters.
Ich sage dir nichts Neues.
Ich wiederhole nur meine Ermahnungen,
Die ich schon so oft
Aus Liebe und Zuneigung
Dir in Ohr und Herz gegeben habe.
Du solltest in aller Ruhe
Mitten im Lärm dieser Welt
Über meine von Herzen kommenden
Mitteilungen nachdenken.
Ich wünsche sehr, dass diese einfachen und
aufrichtigen Gedanken
Licht und Frieden ausströmen.

Und dich in einen Apostel verwandeln,
Einen Menschen des Gebets und der Liebe.
Mögen die Gnade und der Friede Gottes
Bei dir verweilen auf dem Weg der Hoffnung.

Franz Xaver Nguyên van Thuân

I.
Biographisches

1
Stationen seines Lebens

17.04.1928	geboren in Huê, Vietnam; Neffe des ersten südvietnamesischen Präsidenten Ngô Đinh Diêm
11.06.1953	Priesterweihe und anschließende sechs Jahre Weiterstudium in Rom
1959 - 1967	Mitglied der Fakultät und Rektor des Seminars von Nhatrang
1967	Ernennung zum Bischof von Nhatrang durch Papst Paul VI.
24.04.1975	Ernennung zum Erzbischof-Koadjutor von Saigon
1975 - 1988	13 Jahre Gefangenschaft in kommunistischen Umerziehungslagern, davon neun Jahre in Einzelhaft

21.11.1988	Freilassung durch die kommunistische Regierung, aber ins Exil geschickt, von Papst Johannes Paul II. nach Rom gerufen
1994	Vizepräsident des Päpstlichen Rates für Gerechtigkeit und Frieden
1998	Präsident des Päpstlichen Rates für Gerechtigkeit und Frieden
21.02.2001	Ernennung zum Kurien-Kardinal
16.09.2002	in Rom an einem Krebsleiden gestorben
April 2007	Ankündigung des Seligsprechungsprozesses

2
Begegnungen über Jahrzehnte

Während des langen und zerstörerischen Vietnam-Krieges bemühte sich auch die deutsche Caritas, die erschütternden Leiden der Menschen durch humanitäre Hilfen zu lindern. So entstanden regelmäßige Kontakte mit der 1957 gegründeten vietnamesischen Caritas bei der Überbringung und Verteilung der von der deutschen Bevölkerung gespendeten Hilfsgüter.

Anlässlich einer solchen Reise im Jahr 1965 nach Huê, der alten Kaiserstadt, hatte ich meine erste Begegnung mit Fanz Xaver Nguyên van Thuân. Er wirkte dort als Seminardirektor und Generalvikar. Ich war von diesem hoch gebildeten, dienstbereiten und äußerst dynamischen Seelsorger tief beeindruckt, und wir blieben uns seither freundschaftlich verbunden. 1967 folgte seine Ernennung zum Bischof von Nhatrang. Als Leiter eines kirchlichen Hilfswerkes setzte er sich mit ganzer Kraft unterschiedslos für alle Kriegsopfer ein, spendete rastlos Trost und Hilfe und hinterließ bei den gequälten Menschen neue Zuversicht und Hoffnung.

Im April 1975 zum Erzbischof-Koadjutor von Saigon (Hochiminh-City) ernannt, wurde er kurz nach der kommunistischen Machtübernahme Südvietnams in Haft genommen. Auch hierin sah er in tiefem Glauben und in seiner großen Liebe zu seinem vietnamesischen Volk, wie er nach seiner Entlassung im November 1988 bezeugte, „seinen Hoffnungsweg“.

Jahre des Bangens und Hoffens waren vergangen, als ich ihn am Gründonnerstag des Jahres 1981 anlässlich einer Projektreise im Dorfe GiangXa bei Hanôi besuchen durfte. Seine Haft war, leider nur vorübergehend, von Hausarrest abgelöst worden. Zu meiner großen Überraschung erzählte er mir nicht von seiner Leidenszeit, sondern freudestrahlend von der Hoffnung und der Geborgenheit in Jesus und Maria.

Weitere Jahre vergingen, bis er krank und schwach endlich am 21. November 1988, einem von ihm geliebtem Marienfest, ohne Prozess entlassen wurde. Nach 13 Jahren Haft ist dies ein wortloses Eingeständnis der Machthaber in Hanôi, dass ihm Schuld in den politischen Wirren – Thuân war Neffe des am 2. November 1963 ermordeten südvietnamesischen Staatspräsidenten Ngô Dinh Diêm – nicht nachzuweisen war. Trotzdem wurde ihm nicht erlaubt, sein Amt als Erzbischof-Koadjutor von Saigon auszuüben oder zumindest einen priesterlichen Dienst in einer der fast priesterlosen, verarmten Diözesen Nordvietnams zu übernehmen.

Durch stete Bereitschaft, Gehorsam und Treue dem Stellvertreter Jesu Christi auf Erden tief verbunden, war es sein innigster Wunsch, zu erfahren, welchen Auftrag Papst Johannes Paul II. für ihn in dieser Situation sah. Dieser Wunsch ging mit seiner Ausreisegenehmigung im April 1989 in Erfüllung. Beglückt über die Gespräche mit dem Heiligen Vater kehrte er wieder nach Hanôi zurück. Doch zuvor übergab er mir noch eine Anzahl dringender Hilfsprojekte für Notleidende in seiner Heimat. Tatsächlich durfte er sich nun freier bewegen. Er bemühte sich im In- und

Ausland auf allen Ebenen um Versöhnung und um Hilfe für die Armen.

Doch im November 1991 wurde ihm von der vietnamesischen Regierung das Rückkehrvisum verweigert. Somit setzte er sein segensreiches Wirken von Rom aus fort, wo er dann von Papst Johannes Paul II. zum Präsidenten des „Päpstlichen Rates für Gerechtigkeit und Frieden“ und zum Kardinal ernannt wurde. Nach schwerer, geduldig ertragener Krankheit, rief ihn der gute Gott am 16. September 2002 zu sich in die Freude des unvergänglichen Lebens.

Der deutsche Caritasverband hatte die Freude und Ehre, Kardinal Thuân im Februar 1992 für einige Wochen in Freiburg zu empfangen und ihm behilflich zu sein, die Kontakte mit früheren Freunden und mit anderen kirchlichen Hilfsorganisationen wieder aufzunehmen.

Seit Jahrzehnten dem so liebenswerten vietnamesischen Volk verbunden, ist es mir eine besondere Freude, dass sein durch Leiden gewonnener spiritueller Reichtum in dem Buch „Duòng Hy Vong – Hoffnungswege“, auch deutschsprachigen Lesern und den mit uns lebenden Vietnamflüchtlingen erneut zugänglich wird. Seine Mitteilungen sind eine ungewöhnliche Quelle der Ermutigung und eine Herausforderung, ganz in der Nachfolge Christi zu leben. Vom Geist der Urkirche inspiriert und vom zweiten Vatikanischen Konzil geprägt führen sie durch die Wirren unserer Zeit hin zum beglückenden Ziel christlicher Hoffnung.

Im Hinblick auf den bereits eingeleiteten Heiligsprechungsprozess sei dem Patris Verlag für eine erweiterte Neuauflage dieses Buches herzlich gedankt. Möge es allen, besonders den an Hoffnungslosigkeit Leidenden ein Helfer und Begleiter sein zu froh machender Zuversicht.

Dr. Georg Hüssler
Altpräsident des Deutschen Caritasverbandes
Freiburg im Breisgau, 13. Juli 2008

II.

Fünf Brote und zwei Fische

Der biblische Text

Als Jesus aufblickte und sah, dass so viele Menschen zu ihm kamen, fragte er Philippus: Wo sollen wir Brot kaufen, damit diese Leute zu essen haben? Das sagte er aber nur, um ihn auf die Probe zu stellen; denn er selbst wusste, was er tun wollte. Philippus antwortete ihm: Brot für zweihundert Denare reicht nicht aus, wenn jeder von ihnen auch nur ein kleines Stück bekommen soll. Einer seiner Jünger, Andreas, der Bruder des Simon Petrus, sagte zu ihm: Hier ist ein kleiner Junge, der hat fünf Gerstenbrote und zwei Fische; doch was ist das für so viele! Jesus sagte: Lasst die Leute sich setzen! Es gab dort nämlich viel Gras. Da setzten sie sich; es waren etwa fünftausend Männer. Dann nahm Jesus die Brote, sprach das Dankgebet und teilte an die Leute aus, so viel sie wollten; ebenso machte er es mit den Fischen. (Joh 6,5-11)

Versuchen wir, Jesus immer besser kennen zu lernen, um ihn so sehr zu lieben und uns von ihm lieben zu lassen, dass wir uns radikal für ihn entscheiden? Denken wir dabei an den langen Weg, die Müdigkeit eines Marsches unter sengender Sonne und die Trostlosigkeit, die uns befallen kann?

In seiner Botschaft zum 12. Weltjugendtag 1997 hat der Heilige Vater, Papst Johannes Paul II., geschrieben: „In Gemeinschaft mit dem ganzen Gottesvolk ... möchte ich euch einladen, … den Blick auf Jesus, den Herrn und Meister unseres Lebens, zu richten, geleitet von den Worten des Johannes-Evangeliums: `Meister, wo wohnst du? Kommt und seht!` (vgl. Joh 1,38f.)

Als Jugendlicher, Priester und Bischof habe ich bereits einen Teil des Weges, zum Teil in Freude, zum Teil unter Leiden, im Gefängnis zurückgelegt. Immer trug ich dabei jedoch eine überströmende Hoffnung im Herzen.

Als man mich bat, meine Erfahrungen in der Nachfolge Jesu zu erzählen, wurde ich verlegen. Es ist nicht angenehm, wenn man über sich selbst sprechen soll. Der verstorbene Kardinal Suenens fragte in seinem Buch „Les imprévus de Dieu“ Veronika: „Sie erlaubten mir erst heute, über Ihr Leben zu sprechen. Warum haben Sie es früher nicht gestattet? – „Weil ich erst jetzt begreife, dass mein Leben nicht mir gehört, sondern ganz und gar Gott; Gott kann darüber verfügen, wie es ihm zum Heil der Seelen beliebt.“ Johannes Paul II. hat diesen Gedanken in seiner Autobiographie „Geschenk und Geheimnis“ wie Maria im Magnificat kurz und prägnant zum Ausdruck gebracht.

Ich mache es daher wie im Evangelium. Jesus hat fünf Brote und zwei Fische verteilt. Für fünftausend Männer war dies praktisch nichts; aber sie waren ganz sein. Und damit bewirkte er alles: er ist Gabe und Geheimnis. Wie der Junge im Evangelium fasse ich nun meine Erfahrung in sieben Punkten zusammen: fünf Brote und zwei Fische. Es ist praktisch nichts, aber es ist alles, was ich habe. Alles andere wird Jesus tun.

Ich leide öfters innerlich darunter, dass die Medien mich zum Sprechen über sensationelle Dinge bringen wollen, zum Anklagen, Verurteilen, zu Aufruhr und Rache. Das ist aber nicht meine Absicht. Mein größter Wunsch ist, meine Botschaft der Liebe in Lauterkeit und Wahrheit, Vergebung und Versöhnung weiter zu geben. Ich will meine Erfahrung mit euch teilen: Wie ich Jesus in jedem Augenblick meines Alltags begegnet bin, in der Unterscheidung zwischen Gott und seinen Werken, im Gebet, in der Eucharistie, in meinen Brüdern und Schwestern, in der Jungfrau Maria, meiner Führerin auf meinem Weg. Zusammen mit euch will ich rufen: „Wir leben das Vermächtnis Christi! Wir überschreiten die Schwelle der Hoffnung!“

Rom, den 2. Februar 1997
Fest der Darstellung des Herrn

Das erste Brot:

In der Gegenwart leben

„Ihr könnt dem Herrn auf den Wegen des täglichen Lebens begegnen! …

Das ist die grundlegende Dimension der Begegnung:

Man hat es nicht mit etwas zu tun, sondern mit jemand, mit dem ´Lebendigen´."

(Johannes Paul II.,
Botschaft an die Jugendlichen der Welt zum 12. Weltjugendtag 1997, Nr. 2)

Ich heiße Francois Nguyên van Thuân und bin Vietnamese. In Tansania und Nigeria nennen mich die Jugendlichen Uncle Francis; daher ist es wohl am einfachsten, wenn ihr mich Onkel Franziskus oder einfach nur Franziskus nennt.

Vor dem 23. April 1975 war ich acht Jahre lang Bischof von Nhatrang im Zentrum von Vietnam. Es war die erste Diözese, die mir anvertraut worden war. Ich war dort glücklich, und deshalb hege ich noch immer eine gewisse Vorliebe für sie. Am 23. April 1975 hat mich Paul VI. dann aber zum Erzbischof-Koadjutor von Saigon ernannt. Als die Kommunisten nach Saigon kamen, sagten sie mir, meine Ernennung sei das Ergebnis einer Verschwörung. Der Vatikan habe sich mit den Imperialisten verbündet, um gegen das kommunistische Regime zu kämpfen. Drei Monate später wurde ich in den Präsidentenpalast gerufen und dort verhaftet. Es war am 15. August 1975, dem Tag der Aufnahme Mariens in den Himmel.

In jener Nacht auf einer vierhundertfünfzig Kilometer langen Straße, die zu meiner Zwangsresidenz führte, gingen mir viele wirre Gedanken durch den Kopf. Nach dreimonatiger Anspannung erfüllten mich nur Traurigkeit, Verlassenheit und Müdigkeit. Aber in meinem Geist drängte sich ganz deutlich ein Wort in den Vordergrund, das alle Dunkelheit vertrieb, ein Wort von Bischof John Walsh von China. Als er nach zwölfjähriger Gefangenschaft in die Freiheit entlassen wurde, sagte er: „Die Hälfte meines Lebens habe ich nun gewartet.“ Das ist nur zu wahr. Alle Gefangenen, ich eingeschlossen, warten jeden Augenblick auf ihre Befreiung. Dann aber habe ich beschlossen:

„Ich werde nicht warten. Ich lebe in diesem Augenblick und werde ihn mit Liebe füllen.“

Das war keine spontane Eingebung, sondern eine Überzeugung, zu der ich im Laufe meines Lebens gekommen war. Wenn ich die ganze Zeit nur warte, dann tritt das, worauf ich warte, vielleicht nie ein. Das einzige, was sicher eintreten wird, ist der Tod.

In dem Dorf Cây Vông stand ich unter Hausarrest, und die Polizei überwachte mich entweder offen oder heimlich, in dem sie sich unter das Volk „mischte“. In dieser Zeit bedrängte mich Tag und Nacht ein Gedanke: Mein Volk! Mein Volk, das ich so sehr liebe: eine Herde ohne Hirte! Wie kann ich mit meinem Volk sprechen, gerade jetzt, da es mehr denn je seinen Hirten braucht? Die katholischen Buchhandlungen waren beschlagnahmt worden, die Schulen geschlossen. Die Lehrer und Lehrerinnen, Schwestern und Ordensleute gingen zur Arbeit auf die Reisfelder. Die Trennung war für mich gleichsam ein Schock, sie nagte an meinem Herzen.

„Ich werde nicht warten. Ich lebe in diesem Augenblick und werde ihn mit Liebe füllen.“ Aber wie?

Eines Nachts, es war im Oktober 1975, ging mir ein Licht auf: „Franziskus, es ist doch ganz einfach. Mache es wie der heilige Apostel Paulus, als er in Gefangenschaft war: Schreibe Briefe an die verschiedenen Gemeinden.“ Am darauf folgenden Morgen, es war noch dunkel, gab ich einem siebenjährigen Jungen verstohlen ein Zeichen. Er hieß Quang und war gerade auf dem Nachhauseweg von der Frühmesse um 5 Uhr: „Sag deiner Mutter, sie soll mir alte Kalender kaufen.“ Am späten Abend, als es wieder dunkel war, brachte Quang mir die Kalender, und im Oktober und November 1975 schrieb ich in jeder Nacht aus der Gefangenschaft Briefe an mein Volk. Jeden Morgen kam dann der Junge um die Blätter abzuholen und nach Hause zu bringen. Dort ließ er sie von seinen Brüdern und Schwestern abschreiben. So entstand das Buch „Hoffnungswege", das in acht Sprachen erschienen ist: Vietnamesisch, Englisch, Französisch, Italienisch, Deutsch, Spanisch, Koreanisch und Chinesisch.

Die Gnade Gottes gab mir die Kraft, meine Arbeit auch in Stunden der Mutlosigkeit fortzusetzen. Ich habe das Buch nachts geschrieben, und in eineinhalb Monaten war es fertig. Ich hatte Angst, es nicht beenden zu können: Ich fürchtete, man würde mich an einen anderen Ort bringen. Als ich bei Nummer 1001 angekommen war, beschloss ich aufzuhören: Es war wie „Tausend und eine Nacht".

Während meiner Haft 1980 in Giang-xá in Nordvietnam schrieb ich nachts heimlich mein zweites Buch „Der Weg der Hoffnung" im Licht des Wortes Gottes und des Zweiten Vatikanischen Konzils und dann mein drittes Buch „Pilger auf dem Weg der Hoffnung".

„Ich werde nicht warten. Ich lebe in diesem Augenblick und werde ihn mit Liebe erfüllen." Die Apostel wollten den einfacheren Weg wählen: „Schick die Menschen weg, damit sie in die umliegenden Dörfer und Gehöfte gehen, dort Unterkunft finden und etwas zu essen bekommen." Aber Jesus wollte in diesem Augenblick wirken: „Gebt ihr ihnen zu essen!" (Lk 9,12-13). Als der Schächer am Kreuz zu ihm sagte: „Jesus, denk an mich, wenn du in dein Reich kommst“, entgegnete Jesus ihm: „Ich sage dir: Heute noch wirst du mit mir im Paradies sein“ (Lk 23,42-43). In dem Wort „heute“ vernehmen wir die Vergebung und Liebe Jesu.

Pater Maximilian Kolbe lebte in dieser Entschiedenheit, als er seinen Novizen immer wieder sagte: „Alles, ganz und gar, bedingungslos.“ Ich hörte Dom Helder Camara sagen: „Leben heißt, lieben lernen.“ Mutter Teresa von Kalkutta schrieb mir einmal: „Das Wichtigste ist nicht die Zahl der Werke, die wir verrichten, sondern die Stärke der Liebe, die wir in jede Handlung hinein legen.“

Wie soll ich in meiner gegenwärtigen Lage eine solch starke Liebe erwerben? Ich denke, dass ich jeden Tag, jede Minute so leben muss, als seien es die letzten meines Lebens: alles Nebensächliche beiseite lassen und mich auf das Wesentliche konzentrieren. Jedes Wort, jede Handlung, jedes Telefongespräch, jede Entscheidung ist das Schönste in meinem Leben. Allen schenke ich meine Liebe, mein Lächeln. Ich habe Angst, eine Sekunde zu verlieren, wenn ich ohne Sinn lebe.

Andernorts habe ich geschrieben: „Dein schönster Augenblick ist der jetzige (vgl. Mt 6,34; Jak 4,13-15), den du völlig in Gottes Liebe verbringst. Dein Leben wäre wunderbar, wenn es aus Millionen von solchen schönsten Augenblicken bestünde.“ Du siehst, wie einfach das ist?

Jesus braucht euch, und zwar in diesem Augenblick. Johannes Paul II. ruft euch beharrlich auf, die Herausforderungen der Welt von heute anzunehmen: „Wir leben in einer Zeit der großen Umgestaltungen.

Ideologien, die, wie es schien, lange dem Verschleiß der Zeit hätten Widerstand bieten sollen, haben ein rasches Ende gefunden. Auf der Welt werden heute neue Grenzen und Schranken abgesteckt. Die Menschheit ist oft unsicher, verwirrt und voll Sorge (vgl. Mt 9,36). Das Wort Gottes aber geht nicht unter. Es verfolgt seinen Weg durch die Geschichte und in den Wechselfällen des Lebens steht es fest und behält seine Leuchtkraft (vgl. Mt 24,35). Der Glaube der Kirche ist auf Jesus Christus gegründet, dem einzigen Retter der Welt: gestern, heute und immer (vgl. Hebr 13,8)" (Johannes Paul II., Botschaft an die Jugendlichen der ganzen Welt zum 12. Weltjugendtag, 1997, Nr. 2).

Gebet

Um Christi Willen im Gefängnis

Jesus,
gestern Nachmittag, am Hochfest Mariä Aufnahme in den Himmel, wurde ich verhaftet.
In der Nacht von Saigon nach Nhatrang veschleppt, vierhundertfünfzig Kilometer von zwei Polizisten umgeben, habe ich das Leben eines Gefangenen begonnen.
Viele Gedanken gingen mir durch den Kopf. Traurigkeit, Angst, Aufregung erfüllten mein Herz, es ist zerknirscht, weil ich von meinem Volk getrennt wurde.
Erniedrigt erinnere ich mich an die Worte der Heiligen Schrift: „Er wurde zu den Verbrechern gerechnet – et cum iniquis deputatus est“ (Lk 22,37).
Im Auto fuhr ich durch meine drei Diözesen, Saigon, Phanthiet, Nhatrang; in großer Liebe zu meinen Gläubigen, aber niemand von ihnen weiß, dass ihr Hirte die erste Station seines Kreuzweges erleidet.
In diesem Meer der großen Bitterkeit fühle ich mich trotzdem so frei wie noch nie.
Ich habe nichts bei mir, keinen einzigen Pfennig, nur meinen Rosenkranz und Jesus und Maria. Auf dem Weg zum Gefängnis betete ich:
Du bist mein Gott und mein alles.
Jesus, wie der heilige Paulus darf ich bereits sagen: Ich, Franziskus, der ich um Christi Willen im Gefängnis bin – ego Franciscus, vinctus Jesu Christi pro vobis (Eph 4,1).
Im Dunkel der Nacht mitten in diesem Meer der Angst, des Albtraums wache ich langsam auf: Ich muss der Wirklichkeit ins Auge schauen.

Ich bin im Gefängnis und warte auf eine günstige Gelegenheit um etwas wirklich Großes zu vollbringen. Wie oft bietet sich in meinem Leben eine solche Gelegenheit? Nein, ich ergreife die Gelegenheiten, die sich mir jeden Tag bieten, um alltägliche Taten außergewöhnlich zu vollbringen.
Jesus,
ich werde nicht warten, ich lebe in diesem Augenblick und werde ihn mit Liebe erfüllen.
Die Gerade besteht aus Millionen von kleinen Punkten, die untereinander verbunden sind.
Auch mein Leben besteht aus Millionen von Sekunden und Minuten, die alle miteinander verbunden sind. Wenn ich über jeden einzelnen Punkt vollkommen verfüge, dann wird die Linie gerade sein.
Wenn ich jeden Augenblick vollkommen lebe,
wird mein Leben heilig sein.
Der Weg der Hoffnung ist aus vielen kleinen Schritten der Hoffnung gepflastert.
Das Leben der Hoffnung besteht aus kurzen Augenblicken der Hoffnung.
Jesus, Du hast immer den Willen des Vaters erfüllt.
So will auch ich Dir alle Zeit sagen:
Jesus, ich liebe Dich,
mein Leben ist immer ein „neuer und ewiger Bund“ mit Dir. Zu jeder Stunde will ich mit der ganzen Kirche singen:
Ehre sei dem Vater und dem Sohne und dem Heiligen Geiste.

Aus der Haft in Cây-Vông
(Nhatrang, Zentralvietnam),

16. August 1975.
am Tag nach dem Hochfest Mariä Aufnahme in den Himmel

Das zweite Brot:

Zwischen Gott und seinen Werken unterscheiden

„Es ist wahr: Jesus ist ein anspruchsvoller Freund.
Er gibt hohe Ziele vor [...]

Reißt die Schranken der Oberflächlichkeit und der Angst nieder!

Erkennt euch als ‚neue' Männer und Frauen!“

(Johannes Paul II.,
Botschaft an die Jugendlichen der Welt zum 12. Weltjugendtag, 1997, Nr. 3):

Als ich in Rom studierte, sagte jemand zu mir: „Dein größter Vorzug ist es, dass du ‚dynamisch' bist. Dein größter Fehler hingegen, dass du leicht ‚aggressiv' wirst.". Bevor die schweren Zeiten unter kommunistischer Herrschaft kamen, war ich jedenfalls sehr aktiv, ich war Pfadfinder, Kurat der Rover, und deshalb hatte ich jeden Tag viel zu tun, um die Kirche in meiner Diözese Nhatrang zu stärken und zu erbauen.

Konkret hieß dies: das Priesterseminar und vier bischöfliche Internate betreuen – die Zahl der Seminaristen stieg innerhalb von acht Jahren von 42 auf 147 und die Schüler in den Internaten von 200 auf 500; sich um die ständige Weiterbildung der Priester in sechs Diözesen der Erzdiözese Hue kümmern; neue Jugendverbände, Laienbewegungen, Pastoralräte einrichten und betreuen, usw. Ich hänge noch heute sehr an meiner ersten Diözese Nhatrang.

Und dann musste ich auf einmal alles lassen, weil ich auf Anweisung Papst Paul VI. mit sofortiger Wirkung nach Saigon versetzt wurde. Ich hatte nicht einmal Zeit, um mich von allen zu verabschieden, die das gleiche Ideal, die gleiche Entschiedenheit hatten und mit denen ich Freud und Leid teilte.

In jener Nacht habe ich ein letztes Grußwort an meine Diözese auf Band gesprochen, damit alle meine Stimme hören könnten. Es war das einzige Mal in acht Jahren, dass ich geweint, ja, bitterlich geweint habe!

In Saigon erwarteten mich Drangsal und Verhaftung. Ich wurde zunächst in meine Diözese zurückgebracht, in das strengste Gefängnis nicht weit von meinem Bischofssitz entfernt. Tag und Nacht verbrachte ich in meiner dunklen Zelle. Ich hörte die Glocken der nahen Kathedrale, wo ich acht Jahre lang ein und aus gegangen war; es war unerträglich. Nachts hörte ich die Wellen des Meeres vor meiner Zelle.

Dann wurde ich im Rumpf eines Schiffes zusammen mit 1500 anderen ausgehungerten und verzweifelten Gefangenen in das Erziehungslager in Viñh-Quang gebracht. Dort, in den Bergen, lebte ich mitten unter kranken und verzagten Gefangenen.

Vor allem die neunjährige Einzelhaft war eine lange Qual, eine geistige Tortur in völliger Leere und ohne Arbeit. Meine beiden Wächter waren die einzigen Menschen um mich herum. Von morgens bis abends lief ich in meiner Zelle auf und ab, um keine Arthrose zu bekommen; ich war dem Wahnsinn nahe.

Immer wieder erlitt ich Versuchungen, mich quälte die Tatsache, dass ich doch erst achtundvierzig Jahre alt war. Acht Jahre hatte ich als Bischof gewirkt und viele pastorale Erfahrungen gesammelt. Und nun, in bestem Alter, war ich in Einzelhaft zur Untätigkeit verurteilt. Mein Volk war 1700 Kilometer entfernt, und ich konnte mich nicht um es kümmern; diese Trennung schmerzte mich sehr.

Eines Nachts vernahm ich in der Tiefe meines Herzens eine Stimme, die mir sagte: „Warum quälst du dich so sehr? Du musst zwischen Gott und seinen Werken unterscheiden. Alles, was du vollbracht hast und auch weiterhin zu tun wünschst, Pastoralbesuche, Ausbildung der Seminaristen, Ordensmänner, Ordensfrauen, Laien und Jugendlichen, Errichtung von Schulen, Studentenwohnheimen, Missionen zur Evangelisierung der Nichtchristen – dies alles sind hervorragende Werke. Sie sind zwar Gottes Werke, aber sie sind nicht Gott selbst! Wenn Gott will, dass du diese Werke lässt und in seine Hand legst, dann tue es sofort und vertraue ihm. Gott wird alles unendlich viel besser tun. Er wird seine Werke anderen übertragen, die vielleicht fähiger sind. Du hast dich für Gott entschieden und nicht für seine Werke!“

Ich hatte zwar immer gelernt, den Willen Gottes zu tun. Aber dieses Licht gab mir neue Kraft, die Kraft, umzudenken und fast unerträgliche körperliche Qualen zu überstehen.

Manchmal kann ein gut ausgearbeitetes Programm nicht ganz durchgeführt werden; einige Initiativen, die mit so großer Begeisterung begonnen wurden, werden lahm gelegt; Missionen auf höchster Ebene zu unwichtigen Aktivitäten degradiert. Vielleicht bist du bestürzt und entmutigt. Aber hat mich der Herr berufen, ihm zu folgen oder dieser Initiative oder jenem Menschen? Lass den Herrn wirken, er wird alles zum Guten wenden.

Im Gefängnis von Phú-Khánh, in meiner Zelle ohne Fenster, war es heiß und stickig, ich bekam kaum Luft und spürte, wie mein Denkvermögen immer mehr nachließ, bis ich schließlich bewusstlos wurde. Manchmal brannte das Licht Tag und Nacht, manchmal war es immer dunkel. In der Zelle war es so feucht, dass auf meinem Bett Pilze wuchsen. Im Dunkeln hatte ich unten in der Mauer ein Loch entdeckt, aus dem gegebenenfalls Wasser hervorsprudeln sollte. So verbrachte ich über 100 Tage zusammengekauert auf dem Boden, um die Nase vor dieses Loch zu halten und atmen zu können. Wenn es regnete, stieg der Wasserspiegel. Dann kamen kleine Insekten durch dieses Loch von außen herein. Ich konnte es nicht verhindern, weil ich nicht mehr die Kraft besaß, um sie zu vertreiben.

Sich für Gott entscheiden und nicht für seine Werke: Gott will mich hier und nicht woanders.

Als mich die Kommunisten zusammen mit 1500 anderen Gefangenen in den Rumpf des Schiffes Hâi-Phòng verluden, um uns in den Norden zu bringen und ich die Verzweiflung, den Hass und die Rachsucht auf den Gesichtern der Gefangenen sah, teilte ich mit ihnen ihre Leiden. Aber sofort erinnerte mich die Stimme daran: „Entscheide dich für Gott und nicht für seine Werke!“, und ich sagte mir: „Ja, Herr, hier ist meine Kathedrale, hier ist das Volk Gottes, das Du mir anvertraut hast, damit ich für es sorge. Ich muss diesen unglücklichen und verzweifelten Brüdern und Schwestern die Gegenwart Gottes zusichern. Es ist Dein Wille und daher auch der meinige.“

Nachdem ich im Erziehungslager auf dem Berg von Viñh-Phú angekommen war – die meisten der 250 Gefangenen waren Nichtkatholiken –, erinnerte mich die Stimme daran: „Entscheide dich für Gott und nicht für seine Werke!“ – „Ja, Herr, Du schickst mich hier her, um in Hunger, Kälte, beschwerlicher Arbeit, Erniedrigung und Ungerechtigkeit Deine Liebe unter meinen Brüdern und Schwestern zu sein. Ich entscheide mich für Dich und Deinen Willen. Ich bin hier Dein Missionar.“

Von diesem Augenblick an verspürte ich in meinem Herzen einen tiefen Frieden, der mich 13 Jahre nicht verlassen sollte. Ich spürte zwar meine menschliche Schwäche und musste meine Entscheidung in schwierigen Situationen immer wieder erneuern, aber der Friede war trotzdem immer in meinem Herzen. Wenn ich erklärte: „Alles für Gott und die Kirche“, dann verstummte ich in Gottes Gegenwart und fragte mich ganz ehrlich: „Herr, arbeite ich hier wirklich nur für Dich? Bist Du immer der eigentliche Grund all dessen, was ich tue? Ich würde mich schämen, wenn ich erkennen müsste, dass es noch triftigere Gründe gab.“ Sich für Gott entscheiden und nicht für seine Werke. Dies ist eine schöne, aber schwierige Entscheidung. Johannes Paul II. fordert euch auf: „Folgt, wie die ersten Jünger, Jesus! Habt keine Angst, Ihm nahe zu kommen [...] Habt keine Angst vor dem ‚neuen Leben’, das Er euch anbietet: Er selbst gibt euch die Möglichkeit, es anzunehmen und es mit Hilfe seiner Gnade und der Gabe seines Geistes zu verwirklichen“ (Johannes Paul II., Botschaft an die Jugendlichen der Welt zum 12. Weltjugendtag, 1997, Nr. 3).

Johannes Paul II. ermutigt die Jugendlichen, in dem er ihnen das Beispiel der heiligen Theresia vom Kinde Jesu vor Augen hält: „Geht mit ihr (Theresia) zusammen in der Schule des Evangeliums den demütigen und einfachen Weg zur christlichen Reife. Bleibt mit ihr im ‚Herzen’ der Kirche, in dem ihr radikal die Entscheidung für Christus lebt“ (Botschaft an die Jugendlichen der Welt zum 12. Weltjugendtag, 1997, Nr. 9). Der Junge im Evangelium hat diese Entscheidung getroffen, indem er Jesus vertrauensvoll alles schenkte, was er hatte: fünf Brote und zwei Fische. Jesus hat die „Werke Gottes“ vollbracht, indem er fünftausend Männern mit ihren Frauen und Kindern zu essen gab.

Gebet

Gott und sein Werk

Aus unendlicher Liebe, Herr,
hast Du mich berufen, Dir zu folgen,
Dein Kind und Dein Jünger zu sein.

Dann hast Du mir eine Aufgabe übertragen,
die keiner anderen gleicht,
aber das gleiche Ziel hat wie die anderen:
Dein Apostel und Zeuge zu sein.

Dennoch hat mich die Erfahrung gelehrt,
dass ich weiterhin zwei Wirklichkeiten verwechsle:
Gott und sein Werk.

Gott hat mir aufgetragen, seine Werke zu
vollbringen.
Einige sind erhaben,
andere bescheiden;
einige sind edel,
andere gewöhnlich.
In der Seelsorge in der Pfarrei,
bei den Jugendlichen,
in den Schulen,
bei Künstlern und Arbeitern,
in der Welt der Presse,
des Fernsehens und des Rundfunks
habe ich mit der ganzen Glut meines Herzens
gewirkt und all meine Fähigkeiten eingesetzt.
Ich habe mich nicht geschont, auch nicht mein
Leben. Während ich mich so leidenschaftlich
in Aktivitäten stürzte, erfuhr ich Misserfolg
durch Undank,

Ablehnung der Zusammenarbeit,
Unverständnis bei Freunden,
fehlende Unterstützung durch die Oberen,
Krankheit und Ohnmacht,
und Fehlen der Mittel.

Auf der Höhe des Erfolgs geschah es,
als ich bei allen Zustimmung,
Lob und Zuneigung fand,
dass ich ganz plötzlich versetzt wurde
und ein anderes Amt übernehmen musste.
Hier bin ich nun ganz benommen
und taste mich langsam vorwärts
wie in einer dunklen Nacht.

Warum hast Du mich verlassen, Herr?
Ich will Dein Werk nicht verraten.
Ich muss Deinen Willen zu Ende führen,
die Errichtung der Kirche vollenden...
Warum greifen die Menschen Dein Werk an?
Warum unterstützen sie es nicht?

An Deinem Altar bei der Eucharistie habe ich Deine Antwort vernommen, Herr: „Folge mir und nicht meinem Werk! Wenn ich es will, wirst du Mir die Aufgabe übergeben, die Ich dir aufgetragen hatte.
Es ist nicht wichtig, wer deinen Platz übernimmt,
es ist Meine Sache.
Du musst dich für Mich entscheiden!“

Aus der Einzelhaft in Hanoi (Nordvietnam),
11. Februar 1985,
Gedenktag Unserer Lieben Frau von Lourdes

Das dritte Brot:

Das Gebet als Fixpunkt

„Hört aufs Neue in stillem Gebet
auf die Antwort Jesu:
‚Kommt und seht!'"

(Johannes Paul II.,
Botschaft an die Jugendlichen der Welt zum 12.
Weltjugendtag, 1997, Nr. 2)

Nach meiner Entlassung sagten viele Menschen zu mir: „Herr Bischof, im Gefängnis hatten Sie viel Zeit zum Beten.“ Es war nicht so einfach, wie ihr vielleicht denkt. Der Herr hat es zugelassen, dass ich meine ganze Schwachheit, meine leibliche und geistige Schwäche erfuhr. Im Gefängnis vergeht die Zeit sehr langsam, vor allem während der Einzelhaft. Stellt euch vor, ihr müsstet eine Woche, einen Monat oder zwei Monate in Schweigen verbringen. Die Zeit kommt einem schrecklich lange vor. Wenn aber Jahre so vergehen, dann kommen sie einem wie eine Ewigkeit vor. Ein vietnamesisches Sprichwort sagt: „Ein Tag im Gefängnis ist wie tausend Herbste draußen.“ Es gab Tage, an denen ich, von Müdigkeit oder Krankheit zermürbt, nicht einmal ein Gebet verrichten konnte!

Mir fällt dazu eine Geschichte ein: die Geschichte des alten Jim. Jeden Tag um 12 Uhr betrat Jim die Kirche. Er blieb dort höchstens zwei Minuten, und dann ging er wieder hinaus. Der Küster war sehr neugierig, und eines Tages ging er auf ihn zu und fragte:

Warum kommst du jeden Tag hierher?

Ich komme, um zu beten.

Unmöglich! Was kann man denn in zwei Minuten schon beten?

Ich bin alt und ungebildet. Ich bete zu Gott auf meine Weise.

Was sagst du zu ihm?

Ich bete: Jesus, hier bin ich, ich heiße Jim. Und dann gehe ich wieder.

Jahre vergingen. Jim wurde immer älter und schließlich so krank, dass er ins Krankenhaus auf die Station der Armen eingeliefert werden musste. Nach einiger Zeit schien es, dass Jim im Sterben lag. Ein Priester und eine Ordens- und Krankenschwester standen an seinem Bett und fragten:

Jim, sag uns: Warum ist alles besser, warum sind die Menschen zufriedener, glücklicher und freundlicher geworden, seit du auf diese Station gekommen bist?

Ich weiß es nicht. Als ich noch laufen konnte, ging ich hierhin und dorthin und habe alle besucht, sie gegrüßt und mit ihnen ein bisschen geredet. Seit ich bettlägerig bin, rufe ich alle zu mir, bringe sie zum Lachen und mache alle glücklich. Mit Jim sind sie immer glücklich.

Warum bist du glücklich?

Wenn ihr jeden Tag Besuch bekommt, seid ihr dann nicht glücklich?

Gewiss. Wer aber kommt und besucht dich? Wir haben niemanden gesehen.

Als ich auf diese Station eingeliefert wurde, habe ich euch um zwei Stühle gebeten: einen für mich und einen für meinen Gast. Seht ihr das nicht?

Wer ist dein Gast?

Jesus. Früher ging ich in die Kirche, um ihn zu besuchen. Jetzt kann ich aber nicht mehr zu ihm gehen. Daher kommt Jesus nun um 12 Uhr zu mir.

Und was sagt Jesus zu dir?

Er sagt: Jim, hier bin ich, ich bin Jesus!

Als Jim starb, lächelte er und zeigte mit der Hand auf den Stuhl neben seinem Bett, als ob er jemanden einlade, sich zu setzen. Er lächelte noch einmal und schloss die Augen.

Wenn mir die Kräfte schwanden und ich nicht einmal meine gewöhnlichen Gebete verrichten konnte, dann wiederholte ich nur: „Jesus, hier bin ich, ich bin Franziskus.“ Ich war dann froh und getröstet. Ich spürte wie Jesus antwortete: Franziskus, hier bin ich, ich bin Jesus.“

Ihr werdet mich fragen: Welches sind deine Lieblingsgebete?

Ehrlich gesagt, gefallen mir vor allem die kurzen und einfachen Gebete des Evangeliums:

„Sie haben keinen Wein mehr!“ (Joh 2,3).

„Magnificat...“ (Lk 1,46-55).

„Vater, vergib ihnen...“ (Lk 23,34).

„In manus tuas (In deine Hände)...“ (Lk 23,46).

„Ut sint unum - Tu in me (Alle sollen eins sein: Wie du in mir...) (Joh 17,21).

„Miserere mei peccatoris (Gott, sei mir Sünder gnädig!) (Lk 18,13).

„Denke an mich, wenn du in dein Reich kommst“ (Lk 23.42-43).

Ich bete aber überhaupt gern mit den Worten der Heiligen Schrift, der liturgischen Gebete, der Psalmen und Lieder. Ich liebe die Gregorianischen Gesänge, die ich größtenteils auswendig kann. Dank der Ausbildung im Seminar sind diese Gesänge ganz tief in meinem Herzen verwurzelt! Dazu kommen die Gebete in meiner Muttersprache, die die ganze Familie jeden Abend in der Hauskapelle verrichtete. Diese Gebete sind so ergreifend, das sie mich an meine frühe Kindheit erinnern. Vor allem die drei „Gegrüßet seist du, Maria“ und das „Memorare“, die ich jeden

Morgen und Abend verrichte, wie es mich meine Mutter von Kind auf gelehrt hat.

Wie bereits gesagt, verbrachte ich neun Jahre in Einzelhaft. Das heißt, die zwei Wächter waren die einzigen Menschen, die ich sah. Um Krankheiten wie der Arthrose vorzubeugen, die durch mangelnde Bewegung entstehen, ging ich den ganzen Tag in der Zelle auf und ab und machte Massagen und Gymnastik. Ich sang Lieder wie das „Miserere", „Te Deum", „Veni Creator spiritus" und den Märtyrerhymnus „Sanctorum meritis". Diese Gesänge der Kirche, denen das Wort Gottes zugrunde liegt, haben mich auf meinem Weg der Nachfolge Jesu gestärkt. Um diese wunderschönen Gebete richtig zu schätzen, muss man die Dunkelheit des Kerkers erleben und sich der Tatsache bewusst werden, dass unsere Leiden eine Opfergabe aus Treue zur Kirche sind. Ich spürte unwiderstehlich diese Einladung zu Jesus in der Gemeinschaft mit dem Heiligen Vater und der ganzen Kirche, wenn ich tagsüber immer wieder sprach: „Per ipsum et cum ipso et in ipso...".

Mir fällt dazu ein ganz einfaches Gebet eines Kommunisten ein. Er war zwar zunächst ein Spitzel, dann aber wurde er mein Freund. Vor seiner Entlassung versprach er mir: „Mein Haus liegt drei Kilometer vom Marienheiligtum von Lavang entfernt. Ich werde dorthin gehen und für Sie beten." Ich glaubte zwar an seine Freundschaft, bezweifelte aber, dass ein Kommunist zur Mutter Gottes betete. Es war vielleicht sechs Jahre später, als ich eines Tages ganz plötzlich einen Brief von ihm erhielt. Er schrieb: „Mein lieber Freund, ich hatte Dir versprochen, zur Mutter Gottes von Lavang zu gehen und für Dich zu beten.

Jeden Sonntag, wenn ich die Glocken läuten höre und es nicht regnet, schwinge ich mich auf mein Rad und fahre zur Erscheinungskapelle. Die Basilika ist von den Bombenangriffen vollkommen zerstört, nur die Kapelle ist noch unversehrt. Ich spreche dort folgendes Gebet für Dich: Mutter Gottes, ich bin kein Christ, ich kenne keine Gebete. Ich bitte dich nur, gib Herrn Thuân das, was er wünscht.“ Ich war zutiefst gerührt. Die Gottesmutter würde sein Gebet gewiss erhören.

Im Evangelium, das wir betrachten, hat Jesus gebetet, bevor er das Wunder wirkte und der hungernden Menge zu essen gab. Jesus wollte mich lehren: Vor aller pastoralen, sozialen, karitativen Tätigkeit muss man beten.

Johannes Paul II. sagt: „Sprecht mit Jesus im Gebet und im Hören auf Gottes Wort; habt einen Sinn für die Freude der Versöhnung im Bußsakrament; empfangt den Leib und das Blut Christi in der Eucharistie; [...] Ihr werdet die Wahrheit über euch selbst, die innere Einheit entdecken und das ‚Du‘ finden, das von Ängsten und Schrecken und von zügellosem Subjektivismus heilt, der keinen Frieden lässt“ (Botschaft an die Jugendlichen der Welt zum 12. Weltjugendtag, 1997, Nr. 3).

Gebet

Kurze Gebete aus dem Evangelium

Herr, du hast mir gezeigt, wie ich beten soll.
Um ehrlich zu sein:
Du hast uns nur ein Gebet hinterlassen:
das Vater Unser.
Es ist kurz, bündig und reichhaltig.

Herr, Dein Leben ist ein aufrichtiges und einfaches Gebet zum Vater.
Manchmal war Dein Gebet lange, ohne vorgefasste Formeln inbrünstig und spontan,
wie das hohepriesterliche Gebet nach dem Letzten Abendmahl.

Jesus, Maria, die Apostel sprachen gewöhnlich kurze, aber eher schöne Gebete, die sie mit ihrem Alltag verbanden. Ich, der ich schwach und lau bin, liebe diese kurzen Gebete vor dem Tabernakel, am Schreibtisch, auf der Straße, wenn ich allein bin. Je öfter ich sie wiederhole, desto mehr bin ich von ihnen durchdrungen. Ich bin Dir nahe, Herr.

Vater, vergib ihnen,
denn sie wissen nicht, was sie tun.
Vater, alle sollen eins sein.
Ich bin die Magd des Herrn.
Sie haben keinen Wein mehr.
Siehe, dein Sohn! Siehe, deine Mutter!
Denke an mich, wenn Du in dein Reich kommst.
Herr, was soll ich tun?
Herr, Du weißt alles,
Du weißt, dass ich Dich liebe.
Herr, sei mir armen Sünder gnädig.

Diese kurzen Gebete bilden zusammen ein Leben des Gebetes. Wie eine Kette von konkreten Zeichen, Blicken und vertraulichen Worten bilden sie ein Leben der Liebe.
Sie bewahren uns in einer Atmosphäre des Gebetes, ohne uns von unserer jeweiligen Aufgabe loszureißen. Sie helfen uns vielmehr, alles zu heiligen.

Aus der Einzelhaft in Hanoi (Nordvietnam)
25. März 1987,
Hochfest der Verkündigung des Herrn

Das vierte Brot:
Die Eucharistie als einzige Kraft

„Um diesen eucharistischen Tisch
wird die Einheit der Christen sichtbare, harmonische
Wirklichkeit,
ein Geheimnis missionarischer Gemeinschaft,
in der alle sich als Söhne und Töchter, als Brüder
und Schwestern fühlen."

(Johannes Paul II.,
Botschaft an die Jugendlichen der Welt zum 12.
Weltjugendtag, 1997, Nr. 7)

„Konnten Sie im Gefängnis die heilige Messe feiern?“ Viele haben mir diese Frage gestellt. Und sie haben Recht: Die Eucharistie ist das schönste Gebet, der Höhepunkt des Lebens Jesu. Wenn ich die Frage mit Ja beantwortete, so kannte ich schon ihre nächste Frage: „Woher haben Sie das Brot und den Wein genommen?“

Als ich verhaftet wurde, hatte ich keine Zeit, irgendetwas mitzunehmen. Am Tag darauf durfte ich aufschreiben, welche Sachen ich am notwendigsten brauchte: Kleider, Zahnpasta, usw. Dem Empfänger meines Briefes schrieb ich: „Schick mir bitte ein bisschen Wein als Medikament gegen Bauchschmerzen.“ Die Gläubigen wussten sofort, was damit gemeint war, und schickten mir eine kleine Flasche Messwein mit dem Etikett „Medikament gegen Bauchschmerzen“ und eine Fackel „gegen Feuchtigkeit“, in der sie Hostien versteckt hatten. Ein Polizist fragte mich:

Haben Sie Bauchschmerzen?

Ja

Hier habe ich ein Medikament für Sie.

Meine Freude war unbeschreiblich. Jeden Tag feierte ich die heilige Messe in der hohlen Hand mit drei Tropfen Wein und einem Tropfen Wasser.

Wann und unter welchen Umständen, hing jedenfalls von der jeweiligen Situation ab. Auf dem Schiff, das uns nach Norden brachte, feierte ich nachts. Vorher benachrichtigte ich die anderen katholischen Gefangenen, damit sie an der heiligen Messe teilnehmen konnten. Manchmal musste ich zelebrieren, wenn alle nach dem Frühsport ins Bad gingen. Im

Umerziehungslager waren wir in Gruppen zu fünfzig eingeteilt. Wir schliefen auf einem gemeinsamen Lager, auf dem jeder ein Recht auf 50 cm hatte. In meiner Gruppe waren fünf Katholiken. Wir suchten uns unsere Plätze so aus, dass wir nebeneinander lagen. Um 21 Uhr 30 wurde das Licht ausgeschaltet, und alle mussten schlafen. Ich richtete mich dann nach einer Weile im Bett auf und feierte die heilige Messe. Die Kommunion reichte ich ihnen unter dem Moskitonetz hindurch. Aus dem Papier von Zigarettenschachteln stellten wir uns kleine Säckchen her, um darin das Allerheiligste aufzubewahren. So trug ich Jesus in der Eucharistie immer in der Hemdtasche bei mir.

Es war, wie ich einmal geschrieben habe: „Du vertraust auf eine Energiequelle: die Eucharistie. Christi Fleisch und Blut werden Dir Leben spenden. ‚Ich bin gekommen, damit sie das Leben haben und damit sie es in Fülle haben' (Joh 10,10). Manna war die Nahrung der Israeliten auf ihrem Weg ins Gelobte Land. Die Eucharistie wird Deine Nahrung sein bis zum Ziel Deines Weges der Hoffnung (vgl. Joh 6,50)" (Hoffnungswege)

Einmal pro Woche fand eine Indoktrination statt, der sich das ganze Lager unterziehen musste. Meine katholischen Freunde und ich nutzten die Pause, um den anderen vier Gruppen von Gefangenen ein Päckchen zu geben: alle wussten, dass Jesus mitten unter ihnen war, dass er alle körperlichen und geistigen Leiden heilen würde. Nachts lösten sich die Gefangenen bei der Anbetung ab. Jesus half uns in der Eucharistie durch seine stille Gegenwart auf ganz außerordentliche Weise. Viele Christen erwachten in jenen Tagen zu neuem Glaubenseifer und Buddhisten und andere Nichtchristen bekehrten sich. Die Kraft der Liebe Jesu war unwiderstehlich, so dass die Dunkelheit des Kerkers zum Licht wurde; der Same keimte während des Sturmes unter der Erde.

In Vereinigung mit dem Herrn bringe ich das Messopfer dar. Wenn ich die Kommunion austeile, gebe ich mich mit Christus hin, um allen Speise zu werden. Für mich bedeutet dies, ganz im Dienst an den anderen zu stehen.

Immer wenn ich das Messopfer darbringe, breite ich meine Arme aus, lasse mich mit Jesus ans Kreuz nageln und trinke mit ihm den bitteren Kelch des Leidens. Wenn ich jeden Tag die Wandlungsworte spreche oder höre, bestätige ich aus ganzem Herzen und ganzer Seele einen neuen Bund, einen ewigen Bund zwischen Jesus und mir in seinem Blut, das sich mit dem meinen vermischt (I Kor 11,23-25).

Jesus hat am Kreuz eine Revolution begonnen. Daher muss unsere Revolution vom Altar der Eucharistie ausgehen und von dort aus vorangetrieben werden. Denn nur so können wir die Menschheit erneuern.

Ich habe neun Jahre in Einzelhaft verbracht. In dieser Zeit feierte ich jeden Tag um 3 Uhr nachmittags die heilige Messe, in der Stunde, in der Jesus mit dem Tode rang. Ich war allein, ich konnte die heilige Messe feiern, wie ich wollte: auf Latein, Französisch oder Vietnamesisch, still oder als feierlich gesungenes Hochamt. Ich trug das Päckchen mit dem Allerheiligsten immer bei mir: „Du bist in mir und ich in dir.“ Es waren die schönsten Messfeiern meines Lebens.

Abends von 21 bis 22 Uhr hielt ich eine Anbetungsstunde. Trotz des Lärms der Lautsprecher, der von fünf Uhr morgens bis 23 Uhr 30 abends anhielt, sang ich das „Lauda Sion“, „Pange lingua“, „Adoro Te“, „Te Deum“ und vietnamesische Lieder. Ruhe kehrte in meinem Geist ein, und in meinem Herzen verspürte ich tiefen Frieden und große Freude, weil ich wusste, dass Jesus, Maria und Josef bei mir waren. Ich sang das „Salve Regina“, „Salve Mater“, „Alma Redemptoris Mater“, „Regina coeli“ in Gemeinschaft mit der ganzen Kirche. Trotz der Anschuldigungen und der Schmähungen gegen die Kirche sang ich „Tu es Petrus“, „Oremus pro Pontifice nostro“, „Christus vincit“, usw. Wie Jesus die Menge gespeist hat, die ihm in die Wüste folgte, so ist er in der Eucharistie auch weiterhin Speise für das ewige Leben.

In der Eucharistie verkünden wir den Tod Jesu und preisen seine Auferstehung. Wie habe ich die unendlich traurigen Augenblicke, die ich erlebte, durchstanden? Ich schaute dann auf Jesus, den Gekreuzigten, wie er verlassen am Kreuz hing. Menschlich gesehen, war Jesus gescheitert, hat er vergeblich gelitten und sein Leben umsonst hingegeben. In den Augen Gottes vollbrachte Jesus aber die wichtigste Tat seines Lebens, da er sein Blut zur Rettung der Welt vergossen hat. Wie innig war Jesus mit Gott, dem Vater, verbunden, als er am Kreuz in völliger Ohnmacht hing! Und dies obwohl er nicht mehr predigen, Kranke heilen, Menschen besuchen und Wunder vollbringen konnte!

Jesus ist das vorzüglichste Beispiel für die Liebe zum Vater und zu den Seelen, die bis zum Äußersten geht. Jesus hat uns bis zur Vollendung geliebt: „In finem dilexit“ (Joh 13,1), bis zum: „Consummatum est“ [Es ist vollbracht] (Joh 19,30). Und der Vater hat die Welt so sehr geliebt, „ut Filium suum unigenitum traderet“ [dass er seinen einzigen Sohn dahingab] (Joh 3,16). Er gab sich selbst hin wie Brot, um „pro mundi vita“ [für das Leben der Welt] (Joh 6,51) gegessen zu werden.

Jesus hat gesagt „Misereor super turbam“ [Ich habe Mitleid mit diesen Menschen] (Mt 15,32). Die Brotvermehrung ist eine Ankündigung, ein Zeichen der Eucharistie, die Jesus bald darauf eingesetzt hat.

Hört, was der Heilige Vater sagt: „Jesus lebt mitten unter uns in der Eucharistie. In ihr ist seine reale Anwesenheit und sein Eingebundensein in die Geschichte der Menschheit am intensivsten verwirklicht. Macht es in allem Ungewissen und allen Zerstreuungen des täglichen Lebens wie die Jünger auf dem Weg nach Emmaus [...] Ruft Jesus an, dass ER auf den vielen Straßen von Emmaus unserer Zeit immer bei euch bleibe. ER sei eure Kraft, ER euer Bezugspunkt, ER sei immer eure Hoffnung“ (Johannes Paul II., Botschaft an die Jugendlichen der Welt zum 12. Weltjugendtag, 1997, Nr. 7).

Gebet

Gegenwart und Vergangenheit

Geliebter Jesus,
an diesem Abend, in der Tiefe meiner heißen Zelle, ohne Licht, ohne Fenster, denke ich mit großem Heimweh an meine pastorale Tätigkeit.

Acht Jahre als Bischof im Bischofshaus, das nur zwei Kilometer von meiner Gefängniszelle entfernt, an derselben Straße, an demselben Strand liegt.
Ich höre die Wellen des Pazifiks, die Glocken der Kathedrale.

Einst feierte ich die heilige Messe mit goldener Patene und goldenem Kelch, nun ist Dein Blut in meiner hohlen Hand.

Einst ging ich auf den Straßen der Welt zu Konferenzen und Versammlungen, jetzt bin ich in einer engen Zelle ohne Fenster eingesperrt.
Einst ging ich Dich im Tabernakel besuchen,
jetzt trage ich Dich Tag und Nacht in meiner Tasche.
Einst feierte ich die heilige Messe vor Tausenden von Gläubigen, jetzt in der Dunkelheit der Nacht, und teile die Kommunion unter dem Moskitonetz aus.

Einst hielt ich Priestern, Ordensleuten und Laien Exerzitien, jetzt hält ein Priester, auch er ein Gefangener, mir die Exerzitien des heiligen Ignatius durch die Spalten in der Bretterwand.

Einst erteilte ich den feierlichen Segen mit dem Allerheiligsten in der Kathedrale, jetzt halte ich jeden Abend um 21 Uhr in Schweigen Anbetung,
singe mit verhaltener Stimme das „Tantum Ergo“, das Salve Regina und beschließe mit diesem kurzen Gebet den Tag:

„Herr, ich nehme nun alles freudig an aus Deiner Hand: alle Traurigkeit, Leiden, Ängste,
ja sogar den Tod. Amen.“
Ich bin glücklich in dieser Zelle, wo auf der vermoderten Strohmatte weiße Pilze wachsen,
denn Du bist bei mir,
denn Du willst, dass ich hier mit Dir lebe.

Ich habe viel im Leben geredet,
jetzt spreche ich nicht mehr.
Jetzt magst Du zu mir sprechen, o mein Jesus,
ich höre Dir zu: Was hast Du mir zugeflüstert?
Ist es ein Traum?
Du sprichst nicht von der Vergangenheit, sondern von der Gegenwart,
Du sprichst nicht von meinen Leiden, Ängsten,
Du sprichst von Deinen Plänen,
von meiner Sendung.

Also singe ich Deine Barmherzigkeit,
in meiner Dunkelheit, in meiner Schwäche, in meiner Ohnmacht.

Ich nehme mein Kreuz auf die Schulter
und errichte es mit meinen Händen
in meinem Herzen.

Wenn Du mir die Wahl überließest, ich würde meine
Entscheidung nicht ändern, denn Du bist bei mir.
Ich habe keine Angst, denn ich habe begriffen,
ich folge Dir in Deinem Leiden
und in Deiner Auferstehung.

Aus der Einzelhaft
im Gefängnis von Phú Khánh (Zentralvietnam),
7. Oktober 1976
Gedenktag Unserer Lieben Frau vom Rosenkranz

Das fünfte Brot:

Das Vermächtnis Jesu ist Lieben bis zur vollkommenen Vereinigung

„Ihr seid aufgerufen, glaubwürdige Zeugen für
das Evangelium Christi zu sein,
der alles neu macht [...], indem ‚ihr einander liebt'
(Joh 13,35)"

(Johannes Paul II.,
Botschaft an die Jugendlichen der Welt zum 12.
Weltjugendtag, 1997, Nr. 8).

Eines Nachts lag ich im Gefängnis von Phú Khánh krank danieder. Als ich einen Polizisten vorbeilaufen sah, schrie ich: „Erbarmen, ich bin schwer krank, geben Sie mir bitte ein Medikament!“ Doch der Polizist antwortete mir nur kalt: „Hier gibt es weder Erbarmen noch Liebe, sondern nur Schuld und Strafe.“

In dieser Atmosphäre lebten wir hier im Gefängnis. Als ich in Einzelhaft gesteckt wurde, wurde ich zunächst einer Gruppe von fünf Wächtern übergeben: zwei von ihnen waren immer bei mir. Die Vorgesetzten wurden alle zwei Wochen ausgetauscht, damit sie sich nicht bei mir „ansteckten“. In der Folgezeit haben sie beschlossen, auf den Austausch zu verzichten, weil sonst alle angesteckt würden!

Zunächst sprachen die Wächter nicht mit mir. Sie antworteten nur mit „Ja“ und „Nein“. Es war wirklich traurig. Ich wollte höflich und nett zu ihnen sein, aber es war unmöglich, da sie jedes Gespräch mit mir mieden. Ich hatte nichts, was ich ihnen schenken könnte. Ich war ein Gefangener. Sogar meine Kleider trugen ein Schildchen, worauf in Großbuchstaben geschrieben stand: „CAI-TAO“, das heißt „Erziehungslager“. Was sollte ich tun?

Eines Nachts kam mir ein Gedanke: „Franziskus, du bist noch sehr reich. Du trägst die Liebe Christi in deinem Herzen. Liebe sie, wie Christus dich geliebt hat.“ Am Tag darauf begann ich, sie zu lieben, Jesus in ihnen zu lieben, durch ein Lächeln und höfliche Worte. Ich fing an, Geschichten von meinen Auslandsreisen zu erzählen: Ich schilderte ihnen, wie die Völker in Amerika, Kanada, Japan, auf den Philippinen, in Singapur, Frankreich, Deutschland, usw. leben, sprach über Wirtschaft, Freiheit und Technologie. Diese Erzählungen hatten ihre Neugier geweckt und sie zu allerlei Fragen veranlasst, die sie mir auch prompt stellten. Allmählich wurden wir Freunde. Sie wollten Fremdsprachen lernen: Französisch, Englisch, usw. Meine Wächter wurden meine Schüler! Die Atmosphäre im Gefängnis hatte sich geändert, unsere Beziehung sich sehr gebessert, sogar die zu den Polizeikommissaren. Als sie die Aufrichtigkeit in meiner Beziehung zu meinen Wächtern erkannten, baten sie mich nicht nur, ihnen beim Erlernen der Fremdsprachen zu helfen, sondern schickten mir sogar neue Schüler.

Eines Tages fragte mich ein Polizeihauptmann:

Was halten Sie von der Zeitung „Der Katholik"?

Diese Zeitung dient weder den Katholiken noch der Regierung, sondern hat die Kluft zwischen beiden eher noch vergrößert. Weil sie sich schlecht ausdrückt. Sie verwendet unangemessen religiöse Begriffe und spricht beleidigend.

Wie kann dies geändert werden?

Erstens muss man genau verstehen, was die religiösen Wörter und Begriffe bedeuten

Können Sie uns dabei helfen?

Ja. Ich mache euch einen Vorschlag: Ich schreibe ein Lexikon der religiösen Sprache, von A - Z. Wenn ihr dann einen Augenblick Zeit habt, erkläre ich euch die einzelnen Stichwörter. So könnt ihr die Struktur, Geschichte und Entwicklung der Kirche sowie ihre Tätigkeiten besser verstehen.

Sie brachten mir Papier, und ich schrieb ein Lexikon mit 1500 Stichwörtern auf Französisch, Englisch, Italienisch, Latein, Spanisch, Chinesisch und versah es mit Erklärungen auf Vietnamesisch. So war das Lexikon durch meine Erklärung, meine Antwort auf die Fragen über die Kirche eine „praktische Katechese“, wobei ich auch Kritik annahm. Sie wollten unbedingt wissen, was ein Abt, was ein Patriarch ist, welcher Unterschied zwischen den Orthodoxen, Katholiken, Anglikanern und Lutheranern besteht und woher die Gelder des Heiligen Stuhls kommen.

Dieser systematische Dialog von A - Z half, viele Irrtümer und vorgefaßte Meinungen auszuräumen; er wurde jeden Tag interessanter, ja faszinierender.

In dieser Zeit hörte ich, dass eine Gruppe von 20 jungen Polizisten unter der Leitung eines ehemaligen Katecheten Latein studierte, um die kirchlichen Verlautbarungen verstehen zu können. Einer meiner Wächter gehörte zu dieser Gruppe. Eines Tages fragte er mich, ob ich ihm nicht einen lateinischen Gesang beibringen könnte.

Es gibt deren sehr viele und sehr schöne, antwortete ich.

Singen Sie einfach ein paar Gesänge, und ich suche dann aus, schlug er vor.

Also sang ich das „Salve Regina“, „Veni Creator“, „Ave maris stella“ usw. Und wisst ihr, welchen Gesang er gewählt hat? Das „Veni Creator“.

Ich kann gar nicht beschreiben, wie ergreifend es ist, einen kommunistischen Polizisten jeden Morgen um 7 Uhr die Holztreppe hinuntergehen zu sehen, um beim Frühsport und bei der Morgenwäsche das „Veni Creator“ zu singen.

Wo die Liebe ist, fühlt man Freude und Frieden, weil Jesus mitten unter uns ist. „Du trägst nur eine einzige Uniform und sprichst nur eine einzige Sprache: die Nächstenliebe“ (Hoffnungswege, Nr. 984).

An einem Regentag im Gefängnis von Viuh Quang in den Bergen von Viuh Phu musste ich Holz hacken. Ich fragte den Wächter:

Darf ich Sie um einen Gefallen bitten?

Um welchen? Ich werde ihnen helfen

Ich möchte ein Holzstück in Form eines Kreuzes hacken.

Wissen Sie nicht, dass es strengstens verboten ist, irgendein religiöses Zeichen bei sich zu haben?

Ich weiß, aber wir sind doch Freunde, und ich verspreche, es zu verstecken.

Es wäre für uns beide äußerst gefährlich.

Schließen Sie die Augen, ich werde es nun tun und dabei sehr vorsichtig vorgehen.

Er ging weg und ließ mich allein. Ich fertigte ein Kreuz an und versteckte es bis zu meiner Entlassung in einem Stück Seife. Mit einem Metallrahmen versehen, diente es mir als Pektorale.

In einem anderen Gefängnis bat ich meinen Wächter, der bereits mein Freund geworden war, um ein Stück Draht. Er erschrak und sagte:

In der Polizeischule habe ich gelernt: Wenn jemand ein Stück Draht verlangt, dann heißt dies, er will sich umbringen.

Ich erklärte ihm daraufhin:

Die katholischen Priester begehen keinen Selbstmord.

Wozu brauchen Sie dann aber ein Stück Draht?

Ich möchte mir für mein Kreuz ein Kettchen machen.

Wie können Sie aus einem Stück Draht ein Kettchen machen? Das ist doch unmöglich!

Wenn Sie mir zwei kleine Zangen bringen, werde ich es Ihnen zeigen.

Das ist zu gefährlich!

Keine Angst, wir sind doch Freunde.

Er zögerte zunächst, dann aber sagte er:

Ich werde Ihnen in drei Tagen eine Antwort geben.

Nach drei Tagen sagte er:

Man kann Ihnen nur schwer eine Bitte abschlagen. Ich habe mir das so gedacht: Heute Abend um sieben Uhr bringe ich Ihnen zwei kleine Zangen. Bis 11 Uhr müssen Sie mit Ihrer Arbeit fertig sein. Ich lasse meinen Kameraden in den Nachtclub „Hanoi by night“ gehen. Wenn er uns sähe, wäre dies sehr gefährlich für uns beide, denn er würde uns beide anzeigen.

Wir zerschnitten den Draht in einzelne Stücke, die etwa die Länge eines Streichholzes hatten. Dann bogen wir sie entsprechend, und die Kette war noch vor elf Uhr fertig.

Diese Kette mit dem Kreuz trage ich auch heute noch. Nicht, weil sie eine Erinnerung an meine Zeit im Gefängnis ist, sondern weil sie eine feste Überzeugung, eine ständige Ermahnung an mich selbst zum Ausdruck bringt: Weder Waffen noch Drohungen noch Medien, sondern nur die Liebe Christi kann die Herzen verwandeln.

Meine Wächter konnten nur schwer begreifen, wie man seine Feinde lieben, ihnen vergeben und sich mit ihnen versöhnen kann.

Sie lieben uns wirklich?

Ja, ich liebe euch aufrichtig.

Auch wenn wir Ihnen wehtun, wenn Sie leiden, weil Sie so lange schon im Gefängnis sind, ohne verurteilt zu sein?

Denkt an die Jahre, die wir zusammen verbracht haben. Ich habe euch doch wirklich geliebt!

Wenn Sie wieder frei sind, schicken Sie dann nicht die Ihrigen, um sich zu rächen und uns und unseren Familien Leid zuzufügen?

Nein, ich werde euch auch weiterhin lieben, auch wenn ihr mich töten wollt.

Aber warum?

Weil Jesus mich gelehrt hat, euch zu lieben. Wenn ich es nicht tue, bin ich es nicht mehr wert, ein Christ genannt zu werden.

Ich könnte noch weitere bewegende Geschichten erzählen, die von der befreienden Kraft der Liebe Christi zeugen, aber das würde hier zu lange dauern.

Als Jesus die vielen Menschen sah, die schon drei Tage bei ihm waren, sagte er: „Misereor super turbam“ [Ich habe Mitleid mit diesen Menschen] (Mt 15,32). „Sie sind wie Schafe, die keinen Hirten haben“ (vgl. Mk 6,34). In den dramatischsten Augenblicken im Gefängnis, wenn ich fast am Ende war und keine Kraft mehr hatte, weder zum Beten noch zum Meditieren, suchte ich danach, wie ich das Wesentliche meines Gebetes, der Botschaft Jesu zusammenfassen könnte. Und ich gebrauchte dazu folgenden Satz: „Ich lebe das Vermächtnis Jesu." Das heißt, ich liebe die anderen, wie Jesus mich geliebt hat, indem ich ihnen vergebe, Barmherzigkeit erweise und in vollkommener Einheit mit ihnen lebe, um die er gebetet hat: „Alle sollen eins sein: Wie du, Vater, in mir bist und ich in dir bin" (Joh 17, 21). Ich habe oft gebetet: „Ich lebe das Vermächtnis der Liebe Jesu." Ich möchte wie der Junge im Evangelium „Werkzeug der Liebe Jesu sein". Er hat alles gegeben, was er besaß: fünf Brote und zwei Fische. Es war zwar praktisch nichts, aber es war doch „alles", was er hatte.

Papst Johannes Paul II. richtet seine Botschaft an euch: „Ihr werdet Jesus dort begegnen, wo die Menschen leiden und hoffen: in den kleinen, über die Kontinente verstreuten Dörfern, die anscheinend am Rande der Geschichte liegen, wie damals Nazareth, als Gott seinen Engel zu Maria sandte; in den riesigen Weltstädten, wo Millionen Menschen oft wie Fremde nebeneinander leben. [...] Jesus wohnt neben euch, in den Brüdern und Schwestern, mit denen ihr das tägliche Leben teilt. Sein Gesicht ist das der Ärmsten, der Ausgegrenzten, die nicht selten Opfer eines ungerechten Entwicklungsmodells sind, das den Gewinn an die erste Stelle setzt und den Menschen zum Mittel statt zum Ziel macht. [...]

Jesus wohnt bei denen, die ihn anrufen, ohne ihn kennen gelernt zu haben; [...] Jesus wohnt bei den Männern und Frauen, die ‚der Ehre des Christennamens teilhaft sind' [Lumen gentium, 15]. [...] Am Vorabend des dritten Jahrtausends drängt von Tag zu Tag mehr die Pflicht, das Ärgernis der Spaltung unter den Christen wieder gutzumachen und die Einheit durch den Dialog, das gemeinsame Gebet und das Zeugnis zu stärken" (Johannes Paul II., Botschaft an die Jugendlichen der Welt zum 12. Weltjugendtag, 1997, Nr. 5).

Der größte Fehler ist, wenn man nicht erkennt, dass Christus in den anderen gegenwärtig ist. Es gibt viele Menschen, die dies erst am letzten Tag ihres Lebens erkennen.

Am Kreuz war Jesus verlassen, und er ist es auch heute noch in den Brüdern und Schwestern, die überall auf der Welt leiden. Die Liebe kennt keine Grenzen; wenn sie Grenzen hat, dann ist sie keine Liebe mehr.

Gebet

Weihe

Allmächtiger Gott, himmlischer Vater,
Quelle all meiner Hoffnung und Freude,
in Deiner grenzenlosen Liebe hast Du gesagt:

1. „Alles, was mein ist, ist auch dein“ (Lk 15,31). „Bittet, und es wird euch gegeben werden“ (Mt 7,7).

   Vater, ich glaube fest, dass Deine Liebe uns unendlich übersteigt. Wie kann sich die Liebe Deiner Kinder mit Deiner Liebe messen?

   O! Wie unendlich ist doch Deine väterliche Liebe! Alles, was Dein ist, ist auch mein. Du hast mir befohlen, aufrichtig zu bitten. Daher schenke ich mich Dir hin, Vater voller Güte.

2. „Alles ist Gnade.“ „Denn euer Vater weiß, was ihr braucht“ (Mt 6,8).

   Vater, ich glaube fest, dass Du alles von Ewigkeit her zu unserem Besten geordnet hast. Du lenkst immerfort mein Leben, begleitest jeden meiner Schritte. Was könnte ich fürchten? Vor Dir knie ich nieder und bete Deinen heiligen Willen an. Ich gebe mich ganz in Deine Hände, weil alles, was kommen mag, durch Dich geschieht. Ich bin Dein Kind und glaube daher, dass alles Gnade ist.

3. „Alles vermag ich durch ihn, der mir Kraft gibt“ (Phil 4,13).

„[...] zum Lob seiner herrlichen Gnade“ (Eph 1,6).

Vater, ich glaube fest, dass Deine Allmacht und Vorsehung über allem waltet. Deine Liebe ist unendlich, und ich will alles mit freudigem Herzen annehmen. Dir sei Lob und Dank in alle Ewigkeit. In Vereinigung mit der allerseligsten Jungfrau Maria singen der heilige Josef und die Engel das Lob Gottes in Ewigkeit, und mit ihrem Gesang vereinen sich die Stimmen aller Nationen. Amen.

4. „Tut alles zur Verherrlichung Gottes“ (I Kor 10,31). „Dein Wille geschehe“ (Mt 6,10).

   Vater, ich glaube fest und ohne wenn und aber, dass Du in mir wirkst und handelst. Ich bin Gegenstand Deiner Liebe und Zärtlichkeit. Alles, was Dir zur größeren Ehre gereichen könnte, vollbringe in mir!

   Ich verlange nichts außer Deine Ehre. Das genügt mir, und ich bin glücklich und zufrieden. Dies ist mein größtes Verlangen, danach sehnt sich meine Seele.

5. „Alles für die Sendung! Alles für die Kirche!“

   Vater, ich glaube fest, dass Du mir eine Sendung übertragen hast, die ganz von Deiner Liebe geprägt ist. Bereite mir den Weg. Ich höre nicht auf, mich zu reinigen und an meinem Entschluss beharrlich festzuhalten.

   Ja, ich bin entschlossen, eine stille Opfergabe zu werden, als Werkzeug in der Hand des Vaters zu dienen. Jeden Augenblick bringe ich aus Liebe zur Kirche mein Opfer dar: „Hier bin ich, ich bin bereit!“

6. „Ich habe mich sehr danach gesehnt, vor meinem Leiden dieses Paschamahl mit euch zu essen“ (Lk 22,15). „Es ist vollbracht“ (Joh 19,30).

   Geliebter Vater! Vereint mit dem heiligen Opfer, das ich auch weiterhin darbringe, knie ich in dieser Stunde nieder und sage Dir das Wort, das aus der Tiefe meines Herzens emporsteigt: „Opfer.“

   Ein Opfer, das die Demütigung als Ehre annimmt, ein freudiges Opfer, ein ganzheitliches Opfer. Ich besinge meine Hoffnung und meine ganze Liebe.

Aus dem Gefängnis in Phú Khánh (Zentralvietnam)
1. September 1976,
Fest der heiligen vietnamesischen Märtyrer

Der erste Fisch:

Meine erste Liebe ist Maria, die Unbefleckte Empfängnis

„Ihr [Maria] vertraue ich [...] an [...] die Hoffnungen und Erwartungen der jungen Menschen,
die überall auf der Erde mit ihr wiederholen:
‚Ich bin die Magd des Herrn; mir geschehe, wie du es gesagt hast' (Lk 1,38) [...]
und die dann bereit sind, wie die Apostel ihren Altersgenossen zu verkünden:
‚Wir haben den Messias gefunden!" (Joh 1,41)"

(Johannes Paul II.,
Botschaft an die Jugendlichen der Welt zum 12. Weltjugendtag, 1997, Nr. 10).

„Meine erste Liebe ist Maria, die unbefleckt Empfangene.“ Dieser Gedanke stammt vom heiligen Pfarrer von Ars. Ich habe ihn in einem Buch von Francois Trochu gelesen, als ich noch im bischöflichen Internat war. Er sagt:

„Meine Mutter hat mir diese Liebe zu Maria schon von Kindheit an ins Herz gelegt. Meine Großmutter betet noch heute nach dem gemeinsamen Abendgebet in der Familie den Rosenkranz. Eines Tages habe ich sie nach dem Grund gefragt: „Ich bete den Rosenkranz für die Priester.“ Sie kann weder Lesen noch Schreiben, aber solche Mütter und Großmütter haben die Berufung in unseren Herzen heranreifen lassen.“ Maria spielt in meinem Leben eine besondere Rolle. Ich bin am 15. August 1975, am Hochfest der Aufnahme Mariä in den Himmel, verhaftet worden. Ich bin mit dem Polizeiauto fortgebracht worden, ohne auch nur irgendetwas mitnehmen zu können. Ich hatte keinen Pfennig in der Tasche, aber ich hatte den Rosenkranz und spürte Frieden. In jener Nacht auf der vierhundertfünfzig Kilometer langen Straße betete ich mehrmals das Memorare.

Ihr werdet mich sicher fragen, wie Maria mir geholfen hat, die unzähligen Prüfungen in meinem Leben zu bestehen. Ich möchte euch einige Geschichten erzählen, an die ich mich noch lebhaft erinnern kann.

Als ich als Priester in Rom studierte, pilgerte ich eines Tages nach Lourdes, um in der Grotte zur Gottesmutter zu beten. Das Wort, das die Unbefleckte Empfängnis einst zur heiligen Bernadette sprach, schien auch an mich gerichtet: „Bernadette, ich verspreche dir keine Freuden und Tröstungen in dieser Welt, sondern Prüfungen und Leiden.“ Ich hatte ein wenig Angst vor dieser Botschaft, aber ich habe sie trotzdem angenommen. Nachdem ich mein Lizentiat erworben hatte, kehrte ich nach Vietnam zurück. Ich war zunächst Professor und dann Regens des Priesterseminars, Generalvikar und seit 1967 Bischof von Nhatrang. Ich konnte sagen, dass mein pastoraler Dienst von Erfolg gekrönt war. Gott sei Dank.

Ich bin später noch mehrmals nach Lourdes gepilgert, um in der Grotte zu beten. Ich habe mich oft gefragt: „Vielleicht gelten die Worte, die die Gottesmutter zu Bernadette sprach, gar nicht für mich? Sind meine kleinen Kreuze des Alltags denn nicht erträglich? Ich bin jedenfalls bereit, den Willen Gottes zu erfüllen."

Dann kam das Jahr 1975, das Jahr der Verhaftung, der Gefangenschaft und der Einzelhaft. Nun verstand ich, dass die Gottesmutter mich seit 1957 darauf vorbereiten wollte! „Ich verspreche dir keine Freuden und Tröstungen in dieser Welt, sondern Prüfungen und Leiden." Jeden Tag verstand ich immer tiefer den Sinn dieser Botschaft, und ich übergab mich vertrauensvoll der Hand Mariens.

Als die körperlichen und seelischen Leiden im Gefängnis so schwer wurden, dass ich nicht mehr beten konnte, sprach ich nur „Gegrüßet seist Du, Maria", und ich wiederholte immer wieder nur „Gegrüßet seist Du, Maria". Ich legte alles in die Hand der Unbefleckten Empfängnis und bat sie, allen in der Kirche ihre Gnaden auszuteilen, die sie nötig brauchen. Alles mit Maria, für Maria und in Maria.

Ich betete nicht nur zu Maria, indem ich sie um ihre Fürsprache bat, sondern ich fragte sie oft auch: „Mutter, was kann ich für dich tun? Ich bin bereit, deine Befehle auszuführen, deinen Willen um des Reiches Jesu willen zu erfüllen.“ Daraufhin erfüllte ein unbeschreiblicher Friede mein Herz, und ich hatte keine Angst mehr.

Wenn ich zu Maria bete, dann denke ich sofort auch an ihren Bräutigam, den heiligen Josef. So wollen Maria und Jesus es, da sie selbst den heiligen Josef sehr lieben und ihn besonders ehren.

Maria, die unbefleckt Empfangene, hat mich nie verlassen. Sie hat mich immer begleitet auf dem ganzen, langen Weg durch die Finsternis der Gefängnisse. In jenen Tagen der unbeschreiblichen Prüfungen habe ich ganz einfach und vertrauensvoll zu Maria gebetet: „Mutter, wenn du siehst, dass ich Deiner Kirche nicht mehr nützlich bin, dann gewähre mir die Gnade, mein Leben im Gefängnis hinzugeben. Wenn Du aber weißt, dass Deine Kirche mich noch brauchen kann, dann gewähre mir die Gnade, an einem Deiner Festtage aus dem Gefängnis entlassen zu werden.“

Eines Tages – draußen regnete es, und ich bereitete gerade mein Mittagessen zu – da hörte ich das Telefon der Wächter klingeln. „Vielleicht ist dieser Anruf für mich. Heute ist doch der 21. November, das Fest Mariä Opferung.“

Fünf Minuten später kam mein Wächter und fragte mich:

Herr Thuân, haben Sie schon gegessen?

Noch nicht, ich bin gerade dabei, mein Essen zuzubereiten.

Ziehen Sie sich nach dem Essen gut an und gehen Sie zum Hauptmann. Er will Sie sehen.

Wer ist der Hauptmann?

Ich weiß es selbst nicht. Man hat mir nur gesagt, ich solle Ihnen dies mitteilen. Viel Glück!

Man brachte mich mit dem Auto in einen Palast, wo mich der Innenminister, der höchste Befehlshaber der Polizei, erwartete. Nach der Begrüßung und den Höflichkeitsfloskeln fragte er mich:

Haben Sie irgendeinen Wunsch?

Ja, ich möchte entlassen werden.

Wann?

Heute.

Er war sehr überrascht. Ich erklärte:

Exzellenz, ich war nun lange genug im Gefängnis. Ich habe schon drei Pontifikate dort erlebt: das von Paul VI., Johannes Paul I. und Johannes Paul II. Darüber hinaus gab es mittlerweile schon vier Generalsekretäre der kommunistischen Partei der Sowjetunion: Breschnew, Andropow, Tschermenko, Gorbatschow.

Sie haben Recht, Sie haben Recht! Er wandte sich zu seinem Sekretär und sagte: Veranlasst alles Nötige, um seinen Wunsch zu erfüllen. Gewöhnlich brauchen die kommunistischen Führer eine gewisse Zeit, um wenigstens die Formalitäten zu erledigen. Aber in diesem Augenblick habe ich gedacht:

Heute ist ein Marienfest, Mariä Opferung. Maria befreit mich.

Vielen Dank, Mutter Gottes.

Die heilige Messe ist der Augenblick, in dem ich mich am meisten als Kind Mariens fühle. Wenn ich nämlich die Wandlungsworte spreche, bin ich ganz mit Jesus vereinigt, ja ich handle dann in Persona Christi.

Ihr werdet mich fragen, welche Bedeutung Maria für mich hat, da ich mich doch ganz für Jesus entschieden hatte. Am Kreuz hat Jesus gesagt: „Siehe, deine Mutter!“ (Joh 19,29). Nach der Einsetzung der Eucharistie konnte der Herr mir nichts Größeres als seine Mutter hinterlassen.

Für mich ist Maria gleichsam ein lebendiges, kleines, weit verbreitetes Evangelium, das zugänglicher ist als das Leben der Heiligen.

Für mich ist Maria meine Mutter, die mir Jesus gegeben hat. Wenn ein Kind Angst hat, in Schwierigkeiten ist oder leidet, so ruft es zuallererst nach der Mutter: „Mama, Mama!“ Dieses Wort bedeutet für das Kind alles.

Maria lebt ganz für Jesus. Ihre Sendung war, am Werk der Erlösung ihres Sohnes teilzuhaben. All ihre Ehre kommt von ihrem Sohn. Das heißt, mein Leben verliert vollkommen seinen Wert, wenn ich mich von Jesus trenne. Maria kümmerte sich aber nicht nur um Jesus, sondern sorgte sich auch um Elisabeth, Johannes und die Brautleute von Kana.

Ein Wort der heiligen Theresia vom Kinde Jesu gefällt mir in diesem Zusammenhang ganz besonders. Sie sagte einmal: „Ich wäre so gern Priester, um zu allen von Maria sprechen zu können.“

Zunächst eilte ich zu Maria, zur Mutter von der Immerwährenden Hilfe. Jetzt höre ich auf Maria, die zu mir sagt: „Was er euch sagt, das tut" (Joh 2,5). Und oft frage ich sie:"Mutter, was kann ich für Dich tun?" Ich bleibe immer ihr Kind, aber ein verantwortungsbewusstes Kind, das die Sorgen seiner Mutter teilt.

Das Leben Mariens lässt sich mit drei Worten zusammenfassen:

Ecce, Fiat, Magnificat.

Ecce: „Siehe, ich bin die Magd des Herrn" (Lk 1,38). Fiat: „Mir geschehe, wie du gesagt hast" (Lk 1,38). Magnificat: „Meine Seele preist die Größe des Herrn" (Lk 1,46).

Gebet

Maria, meine Mutter

Maria, Mutter Jesu,
unsere und meine Mutter,
um mich mit Jesus und allen Menschen,
meinen Brüdern und Schwestern, zu vereinen,
will ich dich unsere Mutter nennen.

Komm und lebe in mir mit Jesus, deinem geliebten Sohn und wirke in mir die vollkommene Erneuerung seiner Botschaft: in der Stille, beim Wachen,
im Gebet und beim Opfer,
in der Gemeinschaft mit der Kirche und
der Heiligsten Dreifaltigkeit,
in der Inbrunst deines Magnifikats, in Vereinigung
mit deinem Bräutigam, dem heiligen Josef,
in deinem demütigen und liebevollen Wirken
zur Vollendung und Erfüllung des Bundes Jesu,
in deiner Liebe zu Jesus und dem heiligen Josef,
zur Kirche und zur Menschheit,
in deinem unerschütterlichen Glauben mitten in so vielen Prüfungen, die du um des Reiches Gottes willen ertrugst, in deiner Hoffnung, in der du ununterbrochen wirkst, um eine neue Welt der Gerechtigkeit, des Friedens, des Glücks und wahrer Herzlichkeit zu errichten, in der Vollkommenheit deiner Tugenden, im Heiligen Geist, damit ich Zeuge der Frohen Botschaft und Apostel des Evangeliums sein kann.

O Mutter, wirke, bete, liebe, opfere
auch weiterhin in mir.

Erfülle in mir den Willen des Vaters
und erweise dich als Mutter der Menschheit.

Lebe in mir auch weiterhin das Leiden und die Auferstehung Jesu.
O Mutter, dir weihe ich mich ganz und gar,
jetzt und für immer.

Wenn ich in deinem Geist und im Geist des heiligen Josef lebe, dann lebe ich im Geiste Jesu,
mit ihm, dem heiligen Josef, den Engeln, Heiligen und allen Seelen.
Ich liebe dich, o Mutter,
und teile mit dir alle Mühen und Sorgen
und kämpfe mit dir für das Reich unseres Herrn Jesus Christus. Amen.

Aus der Einzelhaft in Hanoi (Nordvietnam),
1. Januar 1986,
Hochfest der Gottesmutter Maria

Der zweite Fisch:

Ich habe mich für Jesus entschieden

„[…] Euch ist es aufgetragen,
diese Botschaft aufzunehmen und euren Altersgenossen zuzurufen:
‚Gott liebt den Menschen.
Gott liebt den Menschen.
Diese einfache und erschütternde Verkündigung
ist die Kirche dem Menschen schuldig'
(Christifideles laici, Nr. 34)"

(Johannes Paul II.,
Botschaft an die Jugendlichen der Welt zum 12. Weltjugendtag, 1997, Nr. 9).

Ich habe euch nun von meinen Erfahrungen in der Nachfolge Jesu erzählt, damit auch ihr ihm begegnet, an seiner Seite lebt und allen seine Botschaft bringt.

Ihr werdet mich fragen: Wie sollen wir diese vollkommene Vereinigung mit Jesus in einem Leben verwirklichen, das von so vielen Veränderungen gezeichnet ist? Ich habe es euch nicht verheimlicht. Trotzdem will ich euch mein Geheimnis um der Klarheit willen noch einmal enthüllen (vgl. Hoffnungswege).

Ich habe die folgenden Abschnitte durchnummeriert. Die 24 Absätze sollen den 24 Stunden eines Tages entsprechen. In jedem Absatz kommt das Wort „eins“ vor: eine Revolution, ein Feldzug, eine Devise, eine Kraft. Es ist jedenfalls ganz praktisch. Wenn wir nämlich die 24 Stunden eines Tages ganz für Jesus leben, sind wir heilig. Die 24 Paragraphen sind 24 Sterne, die euren Weg der Hoffnung erleuchten.

Ich möchte euch diese Gedanken aber nicht lange erklären, sondern euch einladen, sie mit lauterem Herzen zu meditieren, als ob Jesus sanftmütig und vertraulich zu eurem Herzen spräche. Habt keine Angst, auf seine Stimme zu hören und mit ihm zu sprechen. Zögert nicht, lest sie einmal pro Woche. Ihr werdet merken, dass die Gnade darin aufleuchtet und euer Leben verwandelt.

Zum Abschluss wollen wir das Gebet „Ich habe mich für Jesus entschieden“ sprechen. Betrachtet die 14 Stationen des Kreuzwegs.

1. Du möchtest eine Revolution verwirklichen, die Erneuerung der Welt. Diesen großen, erhabenen

Auftrag, den du von Gott erhalten hast, erledigst du mit „der Kraft des Heiligen Geistes“. Bereite jeden Tag ein neues Pfingsten in deiner Umgebung vor.

2. Unternehme einen Feldzug, der das Glück aller Menschen zum Ziel hat. Zusammen mit Jesus opferst du dich, um den Menschen den Frieden und den Völkern Prosperität zu bringen. So soll deine Spiritualität sein, diskret und konkret zugleich!

3. Verfolge unbeirrt den Weg eines Apostels: „Das eigene Leben für seine Freunde hingeben.“ Denn „es gibt keine größere Liebe“ (Joh 15,13). Du wirst von Minute zu Minute verzehrt, und du bist dazu bereit, um deine Brüder zum Herrn zu bringen.

4. Sprich eine Devise deutlich aus: „Alle sollen eins sein.“ Eins alle Katholiken, eins alle Christen, eins alle Völker. „Wie Gott der Vater und sein Sohn eins sind“ (vgl. Joh 17,22-23).

5. Du vertraust auf eine einzige Energiequelle: die Eucharistie. Christi Fleisch und Blut werden dir Leben spenden. „Ich bin gekommen, damit sie das Leben haben und es in Fülle haben“ (Joh 10,10). Manna war die Nahrung für die Israeliten auf ihrem Weg durch die Wüste zum Gelobten Land. Die Eucharistie ist deine Nahrung bis zum Ziel deines Weges der Hoffnung (vgl. Joh 6,50).

6. Trage ein einziges „Kleid“ und sprich eine einzige Sprache: die Nächstenliebe. Sie ist das Wahrzeichen, durch welches man dich als Jünger Christi erkennt (vgl. Joh 13,35). Ein Wahrzeichen, das

nicht kostspielig ist, doch schwer zu bekommen. Die Nächstenliebe ist die erste aller „Sprachen“. Paulus hielt sie für die erhabenste aller Sprachen der Menschen und der Engel (vgl. I Kor 13,1). Sie ist die einzige Sprache, die im Paradies fortdauern wird.

7. Behüte dein Geheimnis, deinen Schlüssel zum Leben: das Gebet. Niemand ist stärker als der Betende, weil der Herr versprochen hat, ihm alles zu geben, worum er bittet. Wenn ihr euch im Gebet versammelt, dann ist Gott mitten unter euch (vgl. Mt 18,20). Ich ermahne dich inständig: außer dem „offiziellen“ Gebet sollst du täglich eine oder besser zwei Stunden dem persönlichen Gebet widmen. Das ist keine verlorene, nutzlose Zeit. Auf meinem Lebensweg habe ich die Wahrheit eines Wortes von Theresia von Avila erfahren: „Es bedarf keiner Bemühung des Teufels, um einen Nichtbetenden in die Hölle zu treiben. Er wird aus eigenem Antrieb hineinstürzen.“

8. Beachte nur eine Regel: das Evangelium. Das ist die „Verfassung“, die über allen Verfassungen steht und die der Herr den Aposteln als Vermächtnis hinterlassen hat (vgl. Mt 4,23). Sie ist nicht schwierig, nicht kompliziert und übt keinen Zwang aus wie die üblichen Verfassungen. Im Gegenteil, sie ist flexibel, menschlich, und sie gibt dir Kraft und Mut. Ein Heiliger, der nicht nach dem Evangelium lebt, ist kein echter Heiliger.

9. Bleib deinem einzigen Führer treu, Christus und auch seinen Vertretern: dem Papst und den Bischöfen, den Nachfolgern der Apostel (vgl. Joh 20,22-23). Lebe und stirb für die Kirche, wie

Christus es getan hat. Denke nicht, dass nur der Tod für die Kirche Opfer bedeutet. Für sie zu leben verlangt auch viele Opfer.

10. Pflege deine Liebe zu unserer Mutter Maria. Der heilige Pfarrer von Ars sagte: „Meine erste Liebe ist die Mutter Gottes.“ Wer auf sie hört, wird nicht irregeführt. Wer für sie handelt, kennt keinen Misserfolg. Wer für ihre Ehre arbeitet, wird das ewige Leben erlangen.

11. Lass dich von einer Weisheit leiten: der Wissenschaft des Kreuzes (vgl. 1 Kor 2,2). Ein Blick auf das Kreuz wird dir helfen, Probleme zu lösen, die dir große Verwirrung bringen. Nimmst du das Kreuz als Kriterium für deine Wahl und deine Entscheidung, wird deine Seele den Frieden erhalten.

12. Habe nur ein Ziel vor Augen, auf das du dich ganz konzentrierst: Gott den Vater. Er ist ein Vater voller Liebe. Jesus hat sein ganzes Leben lang all seine Gedanken und Handlungen auf den Vater gerichtet: „Die Welt soll erkennen, dass ich den Vater liebe und so handle, wie es mir der Vater aufgetragen hat“ (Joh 14,31). Und: „Ich tue immer, was ihm gefällt“ (Joh 8,29).

13. Es gibt nur ein Übel, das du fürchten musst: die Sünde. Seinerzeit hat der Kaiser von Byzanz seinen Hof versammelt, um zu beraten, wie er sich am besten am heiligen Johannes Chrysostomos rächen könnte, der die Kaiserin streng getadelt hatte. Es wurden folgende Maßnahmen vorgeschlagen:

a) Gefängnis: Aber dadurch bekäme er nur die ersehnte Gelegenheit, zu beten und für den Herrn zu leiden, sagten sie.

b) Verbannung: Aber für ihn gelten alle Orte auf Erden als Wohnung Gottes.

c) Todesstrafe: Aber dadurch würde er das Martyrium und die erwünschte Rückkehr zu Gott erlangen. Alle drei Vorschläge könnten ihm kein Leid zufügen und er würde sie mit Freude annehmen. Es bleibt nur ein vierter Vorschlag:

d) Ihn zu etwas zwingen, wovor er am meisten Angst und Ekel hat: zur Sünde. Leider war dazu jede Zwangsmaßnahme vergeblich.

   Wenn die Sünde deine einzige Angst ist, wird deine Stärke unübertroffen sein.

14. Hege nur einen einzigen Wunsch: „Dein Reich komme, Dein Wille geschehe wie im Himmel so auf Erden“ (Mt 6,10). Damit die Völker auf Erden Gott kennen, wie im Himmel. Damit alle auf Erden beginnen, sich gegenseitig zu lieben, wie im Himmel. Damit die Menschen auf Erden glücklich sind wie die Engel und Heiligen im Himmel. Du wirst all deine Kräfte einsetzen, um diesen Wunsch zu verwirklichen und den Menschen bereits in ihrem irdischen Dasein das himmlische Glück zu bringen.

15. Eines fehlt dir noch: „Geh, verkaufe, was du hast, gib das Geld den Armen, und du wirst einen bleibenden Schatz im Himmel haben; dann komm und folge mir nach!“ (Mk 10,21). Das bedeutet eine radikale Entscheidung, ohne wenn und aber.

Der Herr braucht Menschen, die sich bereitwillig von allem endgültig gelöst haben.

16. Benutze für dein Apostolat eine wirksame Methode: den persönlichen Kontakt, der dir hilft, mit den Menschen eins zu werden, um sie zu verstehen und zu lieben. Die persönliche Beziehung ist oft wirksamer als Predigten oder Bücher. Der Kontakt von Mensch zu Mensch, sozusagen von „Herz zu Herz": darin liegt der Schlüssel für deine Ausdauer und deinen Erfolg beim Apostolat.

17. Nur eines ist wirklich notwendig: „Maria hat das Bessere erwählt", als sie sich dem Herrn zu Füßen setzte (vgl. Lk 10,41-42). Wenn du kein innerliches Leben pflegst, wenn Jesus nicht wirklich die Seele all deiner Aktivität ist, dann..., aber das weißt du schon zur Genüge. Ich will mich damit nicht aufhalten.

18. Deine einzige Speise sei es, den Willen des Vaters zu tun (vgl. Joh 4,34). Das heißt: nur mit dieser Nahrung sollst du leben und wachsen und handeln. Sie spendet dir Stärke und Freude. Außerhalb des Willens Gottes findest du nur den Tod.

19. Dein schönster Augenblick ist der jetzige (vgl. Mt 6,34; Jak 4,13-15), den du völlig in Gottes Liebe verbringst. Dein Leben wäre wunderbar, wenn es aus Millionen von solchen schönsten Augenblicken bestünde. Du siehst, wie einfach das ist.

20. Du hast eine „Magna Charta": Die Seligpreisungen (Mt 5,3-12), die Jesus auf dem Berg verkündet hat. Lebe danach, und du wirst das Glück

erfahren, das du dann allen weitergeben kannst, denen du begegnest.

21. Deine einzig wichtige Aufgabe: deine Pflicht erfüllen. Ob bedeutsam, ob bescheiden, deine Pflicht ist die Erfüllung des Willens deines Vaters im Himmel. Das ist die Aufgabe, die Gott für dich bestimmt hat, damit du seinen Plan in der Weltgeschichte verwirklichst (vgl. Lk 2,49; Joh 17,4). Die Erfüllung der Standespflichten ist die einfachste und sicherste Methode der Vollkommenheit auf dem Weg der Tugend. Viele Menschen denken sich eine komplizierte Methode aus und beklagen sich dann, dass sie schwierig ist.

22. Was das Heiligwerden anbelangt, so solltest du nur eine Sorge haben: dass du nicht genug Willensstärke hast. Denn zum Heiligwerden braucht man nur zweierlei: die Gnade Gottes und deinen Willen (vgl. I Kor 15,10). Die Gnade Gottes wird dir nie fehlen. Aber ist dein Wille stark genug?

23. Denke nur an eine Belohnung: Gott selbst. Als Gott den heiligen Thomas von Aquin fragte: „Du hast sehr gut über mich geschrieben, Thomas: Was für eine Belohnung wünschst du dir?“, antwortete der heilige Thomas: „Nur Dich, Herr!“

24. Du hast ein Vaterland
Die Glocke ertönt ernst und tief,
Vietnam betet.
Die Glocke klingt so traurig,
Vietnam weint.
Die Glocke ertönt laut und heiter,
Vietnam triumphiert.
Die Glocke klingt erhaben und kristallklar,
Vietnam hofft.

Du hast ein Vaterland, Vietnam,
Das seit Jahrtausenden sehr geliebt wird.
Es ist dein Stolz und deine Freude.
Liebe seine Berge und Flüsse,
So kostbar wie Samt und Seide.
Liebe seine glorreiche Geschichte,
Liebe sein fleißiges Volk,
Liebe seine heldenhaften Krieger.

Mächtig durchströmen es seine Flüsse,
Aber auch das Blut seines Volkes.
Hoch erheben sich seine Gebirge,
Aber höher noch die Gebeine.

Ein schmaler Landstreifen nur,
Aber wie groß sein Ehrgeiz,
Ein kleines Land mit großem Ruhm!

Diene deinem Land mit ganzem Herzen,
Bleib ihm treu mit vollem Engagement,
Verteidige es mit deinem Blut,
Baue es auf mit deinem Herzen und deinem
Verstand.
Teile die Freude deiner Brüder und Schwestern
Und das Leid deines Volkes.

Ein Vietnam
Ein Volk
Eine Seele
Eine Kultur
Eine Tradition

Als vietnamesischer Christ
Musst du dein Vaterland um so mehr lieben.
Das ist die Lehre Gottes und der Kirche.

Ich wünschte sehr, dass die Vaterlandsliebe
Wie ein heißer Strom dein Blut durchdringt.

Chiara Lubich wurde einmal gefragt: „Was ist Ihr Geheimnis, dass Sie so viele Menschen begeistern können?“ „O ich denke, dass ich überhaupt niemanden fasziniere. Ich folge Jesus aus ganzem Herzen, und die anderen folgen mir.“

Gebet

„Ich habe mich für Jesus entschieden"

Herr Jesus,
auf dem Pfad der Hoffnung hat Deine Liebe wie eine Welle seit zweitausend Jahren so viele Menschen erfasst.
Sie haben Dich geliebt mit brennendem Herzen,
in ihren Gedanken, Worten und Werken.
Sie haben Dich geliebt mit einem Herzen,
das stärker ist als die Versuchung, das stärker ist als Leiden und Tod.
Sie waren Dein Wort in der Welt.
Ihr Leben war eine Revolution, die das Antlitz der Kirche erneuert hat.

Wenn ich von meiner Kindheit an diese leuchtenden Vorbilder betrachte, so habe ich einen Traum:
mein ganzes Leben möchte ich Dir schenken,
das einzige Leben, das ich gerade lebe,
einem ewigen und unveränderlichen Ideal.
Ich habe mich entschieden!
Wenn ich Deinen Willen erfülle,
verwirklichst Du dieses Ideal, und ich stürze mich in dieses wunderbare Abenteuer.

Ich habe mich für Dich entschieden,
und ich habe es nie bereut.
Ich höre Deine Worte:
„Bleibe in mir. Bleibe in meiner Liebe!"
Wie aber kann ich in einem anderen bleiben?
Nur die Liebe kann bewirken dieses übergroße Geheimnis.

Ich begreife,
dass du mein ganzes Leben willst.
„Alles! Und aus Liebe zu dir!“

Auf dem Pfad der Hoffnung folge ich Dir auf Schritt und Tritt.
Deinen irrenden Schritten zum Stall von Bethlehem.
Deinen besorgten Schritten auf dem Weg nach Ägypten.
Deinen eiligen Schritten zum Haus von Nazareth.
Deinen freudigen Schritten beim Hinaufziehen zum Tempel mit Deinen Eltern.
Deinen mühevollen Schritten während der dreißig Jahre der Arbeit.
Deinen eifrigen Schritten in den drei Jahren der Verkündigung der Frohen Botschaft.
Deinen schmerzlichen Schritten beim Einzug in Jerusalem.
Deinen einsamen Schritten vor dem Prätorium.
Deinen beschwerlichen Schritten unter dem Kreuz hinauf zur Schädelstätte.
Deinen „Fehltritten“, da du starbst und im Grab eines anderen begraben wurdest.

Ganz entblößt,
ohne Kleider und ohne Freund.
Verlassen, sogar von deinem Vater,
aber immer deinem Vater ergeben.

Herr Jesus,
auf Knien, vor dir und für dich vor dem Tabernakel,
begreife ich:
Ich könnte keinen anderen Weg wählen,
keinen anderen, glücklicheren Weg, auch wenn es augenscheinlich ruhmreichere Wege gibt.

Aber du, ewiger Freund, einziger Freund meines Lebens, wärst nicht bei mir.
In dir ist der Himmel, die Heiligste Dreifaltigkeit,
die ganze Welt und Menschheit.
Deine Leiden sind meine Leiden.
Mein sind die Leiden der Menschen.
Mein ist alles, in dem weder Frieden noch Freude ist, noch Schönheit, Bequemlichkeit und Liebenswürdigkeit.
Mein sind die Traurigkeiten, Enttäuschungen,
Spaltungen, Verlassenheit, Unglücke.
Dir sei, was dir gehört und was du trägst,
was in meinen Brüdern und Schwestern ist,
da du in ihnen bist.

Ich vertraue fest auf dich, weil du triumphiert hast.
„Sei getrost. Ich habe die Welt besiegt."
Du hast mir gesagt: Geh mit Riesenschritten voran.
Geh in alle Welt, verkünde die Frohe Botschaft,
trockne die Tränen des Schmerzes,
stärke die gebrochenen Herzen,
vereine die getrennten Herzen,
umfasse die Welt mit dem Feuer deiner Liebe,
verzehre, was zerstört werden muss,
lass nur die Wahrheit, die Gerechtigkeit und Liebe.

Aber ich kenne meine Schwäche, Herr!
Befreie mich von meinem Egoismus, von meinen Sicherheiten, damit ich weder Leid noch Qual fürchte.
Wie unwürdig bin ich doch, dein Apostel zu sein.
Mache mich stark gegen jede Anfechtung.
Gib, dass ich mich nicht um die Weisheit dieser Welt sorge.
Ich nehme es an, als Narr behandelt zu werden,
um Jesus, Maria und Josef willen.

Ich will mich auf die Probe stellen,
bereit sein zu jedem Opfer,
mich nicht um die Folgen sorgen,
weil du mich gelehrt hast,
alles zu bewältigen.

Wenn du mir befiehlst, ans Kreuz zu steigen,
so lass ich mich kreuzigen.
Wenn du mir befiehlst, vor deinem Tabernakel
bis ans Ende der Zeiten in Schweigen zu verharren,
so will ich mich in dieses Schweigen hüllen.
Ich werde einmal alles verlieren,
du aber bleibst mein auf ewig.
Deine Liebe wird dort sein,
um mein Herz zu durchfluten
mit Liebe zu allen.
Und meine Freude wird vollkommen sein.
Deshalb wiederhole ich noch einmal:
Ich habe mich für Dich entschieden.
Ich will nichts außer Dir
und Deiner Ehre.

Im Hausarrest in Giang-xá (Nordvietnam),
19. März 1980, Hochfest des heiligen Josef, Bräutigam der Gottesmutter Maria

III.

Aus dem Gefängnis

1

Aufbruch

Bist du noch angekettet,
Auch wenn das Ketten aus Gold sind,
Kannst du dich nicht auf den Weg machen.

Gott führt dich auf den Weg, damit du aufbrichst und reiche Frucht bringst. Dieser Weg ist der Weg der Hoffnung, die ihn erhellt. Weil er schön wie die Hoffnung ist. Warum solltest du nicht hoffen, wenn du in Begleitung von Jesus auf dem Heimweg zu Gott dem Vater bist?

❍

Das Geheimnis des Weges der Hoffnung besteht aus drei Punkten:

Der Aufbruch: „Sich selbst verleugnen“
Die Pflicht: „Das tägliche Kreuz tragen“
Die Ausdauer: „Dem Herrn folgen“

❍

Hast du alles verlassen, ohne dich dabei selbst zu verleugnen, dann hast du noch auf nichts verzichtet, denn nach und nach wirst du alles wieder zurückholen, was du verlassen hast.

❍

Abraham hat sich auf den Weg gemacht, weil er auf das gelobte Land hoffte. Mose hat sich auf den Weg gemacht, weil er auf die Rettung des Volkes Gottes aus der Sklaverei hoffte.

Jesus hat sich auf den Weg vom Himmel zur Erde gemacht, weil er auf die Rettung der Menschheit hoffte.

❍

Auch wenn du dich aus deinem Hause begeben hast und tausende von Meilen gegangen bist, aber all deine Laster und den „alten Menschen" in dir mitschleppst, dann wärst du besser daheim geblieben.

❍

Die Heiligen sind Narren um Christi willen. Mit zuviel weltlicher Weisheit kann man nicht heilig werden.

❍

Wenn du dich auf den Weg gemacht hast, sollst du der üblen Nachrede anderer keine Beachtung schenken. Die drei Magier haben sich auf den Weg gemacht, weil sie ihrem Heiland zu begegnen hofften, und sie sind ihm begegnet. Franz Xaver hat sich auf den Weg gemacht, weil er die Seelen zu retten hoffte, und er hat sie gefunden. Maria Goretti hat sich auf den Weg gemacht, um der Versuchung zu entkommen und Gott zu begegnen, und sie ist ihm begegnet.

❍

Verlieren, um zu gewinnen; sterben, um zu leben; Abschied nehmen, um zu begegnen. Die drei Magier riskierten Gefahr und Spott. Franz Xaver verzichtete auf seine Eltern, auf seinen Reichtum und auf seine Vergnügen; Maria Goretti hat ihr Leben geopfert.

❍

Schreite voran auf dem Wege der Hoffnung und lass dich nicht abhalten von den Klagen deiner Umgebung, wie Paulus, der gesagt hat: „Fesseln und Drangsale warten auf mich“, und wie Jesus, der gesagt hat: „Seht, ich gehe nach Jerusalem, um den Tod zu erleiden.“

❍

Ob reich oder arm, ob gelobt oder getadelt, ob erhaben oder niedrig in der gesellschaftlichen Stellung, das alles spielt keine Rolle, wenn man sich entschlossen hat, auf dem begnadeten Weg der Hoffnung voranzugehen und des Tags der Wiederkehr unseres Heilands Jesus Christus zu harren.

❍

„Ich bin die Wahrheit.“ Nicht die Presse ist die Wahrheit, nicht der Rundfunk, nicht das Fernsehen. Welcher Wahrheit folgst du?

❍

Gehe, geh immer weiter mit aller Entschlossenheit und ohne Kompromisse; niemand will einen, der rückwärts geht.

❍

Gib nicht dem Ruf des Fleisches nach
Gib nicht dem Ruf der Faulheit nach
Gib nicht dem Egoismus nach...

Du kannst nicht schwarz als weiß, schlecht als gut, unehrlich als ehrlich bezeichnen.

❍

Bist du ein standpunktloser Ja-Sager?
Welchen Weg wirst du gehen?
Sagst du ja zu mehreren Göttern?
Zu mehreren Kirchen?
Zu mehreren Moralauffassungen?
Hast du mehrere Gewissen?

❍

Nicht nachgeben bedeutet nicht Arroganz, Selbstsucht oder Sturheit. Es zeigt nur deine kompromisslose Liebe zu deinem Ideal.

❍

Besser ist es für dich, Geld, Titel, selbst das Leben zu verlieren als dein Ideal und deinen Glauben preiszugeben. Mach niemals den umgekehrten Tausch: Der Verlust wäre zu groß!

2

Die Standespflichten

Pflichterfüllung ist eine „Eintrittskarte“ in das Himmelreich.

Die Standespflicht ist der Wille Gottes im gegenwärtigen Augenblick.

❍

Es gibt Leute, die weder das eigene Kreuz noch das Kreuz der anderen tragen, die sich aber einbilden, das eigene Kreuz sei zu schwer. Es gibt Leute, die das Kreuz aller möglichen Mitmenschen, aber nur nicht das eigene tragen, sie wälzen das eigene auf andere ab.

❍

Deine Heiligkeit kommt dir zu aus deiner Pflichterfüllung. Durch sie heiligst du die anderen und wirst du selbst heilig.

❍

Wenn jeder sich durch seine Pflichterfüllung heiligen ließe, gäbe es eine Erneuerung: der Seelen, der Familien, der ganzen Welt.

❍

Ohne Pflichterfüllung gibt es keine Heiligen. Manche haben zwar den Anschein der Heiligkeit. Aber ihre „Wunder“ geschehen am falschen Ort und zu falscher Zeit. Aus der Nähe betrachtet stiften sie nur Verwirrung und machen den anderen das Leben schwer.

❍

Manche Gläubigen denken: „Der Heilige muss mit Inbrunst beten, predigen und sich aus der Welt zurückziehen.“ Sie verwandeln sich in Kleriker, in Mönche vergangener Zeiten. Manche Ordensleute meinen: „Der Heilige engagiert sich im Dienst der Gesellschaft und Politik.“ Sie machen den Laien Konkurrenz im Eingehen auf diese Welt. Welche Verwirrung!

❍

Die Welt wird nicht erneuert, weil man sich eine Heiligkeit außerhalb der Pflichterfüllung vorstellt.

❍

Der Arbeiter wird heilig in seiner Fabrik, der Soldat in der Armee, der Patient im Krankenhaus, der Schüler in der Schule, der Bauer auf dem Feld, der Priester am Ort seiner apostolischen Arbeit, der Beamte im Amtsgebäude. Jeder Schritt vorwärts ist ein Schritt der Selbsthingabe.

❍

Nicht durch Prophezeiungen oder durch Wunder gelangen die Heiligen zur Heiligkeit. Sie tun nichts Außergewöhnliches! Sie erfüllen nur ihre Pflicht.

❍

Die Erfüllung der augenblicklichen Pflicht ist aber nicht eine passive Angelegenheit, sondern ständige Erneuerung, Entscheidung für oder gegen Gott, Suche nach dem Reich Gottes. Glaube an die grenzenlose Liebe Gottes, Verwirklichung der Gottes- und Nächstenliebe und das alles in diesem gegenwärtigen Augenblick.

❍

Die Standespflicht ist die „Eintrittskarte“ für den Himmel: „Wer den Willen meines Vaters im Himmel tut, der wird in das Himmelreich kommen.“

❍

Gottes Willen akzeptieren, Gottes Willen gehorchen, Gottes Willen lieben; wo findest du dich wieder?

❍

Wenn Gott will, dass du durch Pflichterfüllung Erniedrigungen erleidest, gerade dann gibt er dir Anteil am Ruhm seines Kreuzes.

❍

Antworte dann: „O Herr, der Ort meiner Pflichterfüllung ist Golgota, und ich bin die Opfergabe.“

❍

Um zur Heiligkeit zu gelangen, braucht man nur die Pflicht des gegenwärtigen Augenblicks zu erfüllen. Diese Entdeckung, ja diese Offenbarung bringt deiner Seele Frieden und neue Kraft.

❍

Selbst das Sterben ist eine letzte Pflicht, die du mit Bereitschaft und mit großer Liebe erfüllen wirst.
Jeder Tag, an dem du auf dem Weg der Pflichterfüllung vorwärts kommst, wird dir die Einsicht schen-

ken: „Denn mein Joch drückt nicht und meine Last ist leicht.“

❍

Weil du bei deiner Pflichterfüllung feilschen und Bedingungen stellen willst, weil du den Willen Gottes nicht oder nur mit Einschränkung befolgst, gerät deine Seele in Unfrieden und quälende Sorge.

❍

Wenn du nicht ununterbrochen mit dem Willen Gottes verbunden bleibst, wirst du den Weg der Hoffnung vorzeitig verlassen, weil die Pflicht dir zu gewöhnlich, zu unbedeutend und eintönig vorkommt!

❍

Es ist ganz einfach: Bevor du handelst, frage: „Was willst du, Herr, das ich tun soll?“ Erfülle dann den Willen Gottes.

❍

Herr, willst du Regen? Ich will es auch.
Willst du Sonne? Ich auch.
Willst du Angenehmes? Ich auch.
Willst du Unangenehmes? Ich auch.
Gott und du, ihr habt nur einen und denselben Willen.
Und dies ist das Geheimnis deines Lebensglücks.

❍

Im alltäglichen Leben gibt uns Gott die Chance, an seinem Heilsgeheimnis teilzuhaben. Für jeden von uns ist der Weg der Pflichterfüllung zugleich der Weg des Kreuzes.

❍

3

Ausdauer

Jeder beginnt einmal,
Nur die Heiligen halten bis zum Ende durch.

Mut bedeutet nicht unvorsichtige Abenteuerlust. Wenn du das Ende des Weges der Hoffnung erreichen willst, musst du viel Mut haben. Wie viele standen neben unserem Herrn am Fuß des Kreuzes?

❍

Hab den Mut, Gott alle deine Wünsche und Gedanken anzuvertrauen: „Bis jetzt habt ihr noch nichts in meinem Namen erbeten. Bittet, und ihr werdet empfangen.“ Mut bedeutet Vertrauen und Liebe wie zwischen Sohn und Vater.

❍

Lass dich auch durch Misserfolge nicht entmutigen. Wenn du wirklich den Willen Gottes suchst, dann kann auch ein Misserfolg ein Erfolg werden. So will es Gott. Betrachte das Beispiel Jesu am Kreuz.

❍

Ergebnis und Erfolg sind zweierlei. Vielleicht hast du nach außen hin kein Ergebnis erzielt, aber ein Mehr an Erfahrung, an Demut, an Vertrauen zu Gott gewonnen. Das ist übernatürlich gesehen Erfolg.

❍

Es gibt nur ein Missgeschick: die Hoffnung auf Gott zu verlieren. „Ich vertraue dem Herrn und werde nicht zu Schanden."

❍

Der Weg der Hoffnung scheint endlos. Sei kein „provisorischer Heiliger": Wiederholte Sturmwellen werden den äußeren Lack zerstören und die Wirklichkeit kommt dann hinter der frommen Fassade zum Vorschein: Heilige können zu „Dämonen" werden.

❍

Die Tugend strömt ihren Duft aus in aller Stille, ohne Lärm.

❍

Bleib treu auf deinem Weg. Petrus hat den Herrn nicht ausgeliefert, ihn nicht angeklagt, aber er sagte auch kein einziges Wort, um ihn in Schutz zu nehmen: „Ich kenne diesen Mann nicht." Petrus wollte seine Haut retten, nicht mit hineingezogen werden. Petrus verließ den Herrn unterwegs und flüchtete.

❍

Du zitterst vor Angst: Stolpersteine, Missverständnisse, Kritik, Beschimpfungen, Todesstrafe ... Hast du das Evangelium vergessen? Der Herr Jesus hat das alles erlitten. Folge ihm und du wirst auferstehen.

❍

Jeden Morgen beim Aufwachen beginnst du dein Leben wieder neu, voll Energie und Enthusiasmus. Auch wenn der Weg steinig ist, geh mit Gott, als seiest du auf dem Weg nach Emmaus. Und du wirst dein Ziel erreichen.

❍

Beharrlichkeit ist das Kennzeichen der Heiligen. „Wer bis zum Ende standhaft bleibt, der wird gerettet."

❍

Auch wenn alle anderen aufgeben, bleib auf dem Weg und schreite voran. Die manipulierbare Masse ist Legion. Weise Führer sind dagegen selten. Du musst Charakter und Selbstbeherrschung haben. Folge nicht der blinden Masse.

❍

Halte deinen Geist auf der Höhe, auch wenn du dich erschöpft und lustlos fühlst. Die dunklen Wolken werden vorübergehen, sie können nicht auf ewig die Sonne verdecken. Du brauchst nur zu warten, bis sie wegziehen.

❍

Sag nicht: „Ich habe die Inspiration verloren." Handelst du nur aus Inspiration? Die Sache Gottes ist nicht vergleichbar mit dem dichterischen Schaffen. Du handelst aus Liebe zu Gott und du wirst niemals „die Liebe Gottes verlieren".

❍

Das Vertrauen auf die Liebe Gottes macht das Glück des guten Schächers aus. Das Unglück des Judas liegt in seiner Verzweiflung.

❍

In Jesu dunkelster Stunde der Mutlosigkeit und Verzagtheit: „Mein Gott, mein Gott, warum hast du mich verlassen?“, stand seine Mutter Maria beim Kreuz. Sie schwieg, aber ihre Liebe vermochte ihrem Sohn Halt zu geben, bis er rief: „Es ist vollbracht.“

❍

Den Sohn der Witwe aus Naim, der bereits zu Grab getragen wurde, und selbst Lazarus, dessen Verwesung schon einsetzte, konnte der Herr auferwecken. Harre in Hoffnung aus, der Herr wird auch dich auferwecken.

❍

Jeden Tag weniger Eigenliebe und mehr wahre Liebe. Jeden Tag weniger Selbstvertrauen und mehr Gottvertrauen.

❍

Wenn du nicht beständig und entschlossen bleibst, dann sag nicht: „Ich bin gutmütig.“ Sag richtiger: „Ich bin feige.“

❍

Du jammerst immer wieder: „Wenn ich nur an jenem Ort sein könnte, mit jenem Menschen arbeiten dürfte, wenn ich jenes Amt bekleiden könnte, würde ich Erfolge ernten. Tu nur, was Gott dir aufgegeben hat, bleib nur dort, wo Gott dich hingestellt hat, und geh voran! Wenn du dich in alle Richtungen verzettelst, verfehlst du das Ziel.

❍

In deiner Seele hausen zwei Menschen: Johannes und Judas. Solange du dich bemühst, beständig zu bleiben, folgst du dem treuen Johannes. Sobald du wie ein Feigling aufgibst, hast du Judas zum Patron gewählt und dienst dem Verräter.

❍

Du sagst: „Wie fordernd!“ Das stimmt. Lieben ist fordernder als etwas aufgeben. Aber gerade das Fordernde ist wertvoll. Aufgeben hieße, sich dem Bösen ausliefern.

❍

4

Der Ruf

Mit gesammelten Kräften Gottes Ruf folgen.

„Folge mir!“ Die Jünger haben alles verlassen, um Jesus zu folgen. Willst du dich ein für allemal entschließen, dem Herrn zu folgen? Wie viel Male muss er dich noch rufen?

❍

Entscheiden schließt immer Bedauern, Zaudern und Hin- und Herüberlegen mit ein. Aber schließlich musst du dich entscheiden.

❍

Das Wort Jesu darüber ist eindeutig und entschieden: „Wer mein Jünger sein will, der verleugne sich selbst, nehme täglich sein Kreuz auf sich und folge mir nach.“ „Wenn jemand zu mir kommt und nicht Vater und Mutter, Frau und Kinder, Brüder und Schwestern, ja sogar sein Leben gering achtet, dann kann er nicht mein Jünger sein.“ Der Weg ist klar, der Ruf ist ohne Wenn und Aber.

❍

„Geht hinaus in die ganze Welt und verkündet das Evangelium allen Geschöpfen!“ Für diese erhabene Aufgabe braucht der Herr Menschen, die auch zum Tode bereit sind. Die zweitausend Jahre Geschichte der Kirche haben gezeigt, dass es zu keiner Zeit an

Christen fehlte, und zwar in allen Schichten, die zu sterben bereit waren.

❍

Entscheidungen zu treffen überlassen manche ihr Leben lang den anderen. Gehörst du zu dieser Art von Menschen?

❍

Du willst umkehren, weil die Umstände gegen deinen Wunsch sind, und weil du unerträglichen Menschen begegnest. Aber ist es deine Aufgabe, Gott zu folgen oder diesen Menschen zu folgen?

❍

Du wunderst dich darüber, dass Menschen aller Schichten mit Einsatz des Lebens dem Ruf des Herrn folgen? Denk an sein Wort: „Seid gewiss, ich bin bei euch alle Tage bis zum Ende der Welt.“

❍

Die Welt kann nicht begreifen, warum wir dem Ruf des Herrn folgen. Sie hält uns für verrückt. Auch Jesus wurde von Herodes zum Verrückten erklärt. Und wir sollten stolz darauf sein, in Gemeinschaft mit Jesus im „Irrenhaus“ zu sein.

❍

Deine Entscheidung, dem Herrn zu folgen, ist nicht bloß eine Unterschrift, nicht bloß ein feierliches Versprechen, sondern eine ununterbrochene Hingabe, die ein Leben lang zu verwirklichen ist.

❍

„Seit langem folgt ihr mir, fehlt es euch an etwas?“ „Nein, Herr!“ Du hast zwar alles verlassen, aber um der göttlichen Vorsehung zu folgen – was gibt es da noch für Sorgen?

❍

Wundere dich nicht, wenn du auf dem Weg der Nachfolge Christi noch den Ruf des Vergnügens, des Ruhms, den Ruf deines eigenen Selbst und deiner Eltern vernimmst, die dich zum Aufgeben des göttlichen Weges verführen wollen. Geh weiter voran: „Keiner, der die Hand an den Pflug gelegt hat und nochmals zurückblickt, taugt für das Reich Gottes.“

❍

Der Ruf des Herrn erinnert dich unaufhörlich in allen kleinen Dingen daran: „Folge mir!“ und dein Ja setzt sich ebenfalls bis zu deinem letzten Atemzug fort.

❍

Es ist leicht, Ja zu sagen. Aber schau, wie Jesus dem Ruf gefolgt ist, und zwar bis zum Tode am Kreuz. Verleugne dich selbst, trage jeden Tag das Kreuz und lass dich an dein Kreuz heften.

❍

Der Herr befiehlt dir: „Geh und verkünde das Evangelium.“ Er schreibt dir keinen Zeit- und keinen Aktionsplan vor. Er überlässt es deiner Initiative, vorausgesetzt, dass du dich an das Evangelium hältst.

❍

Das zweite Vatikanische Konzil ruft uns „zurück zur Quelle“. Entdecke wieder das Leben der Apostel, die mit dem Heiland gelebt, ihn gehört und mit eigenen Händen berührt und für ihn Zeugnis abgelegt haben.

❍

Dein Unternehmen entfaltet sich erfolgreich, plötzlich werden dir die Hände gebunden. Mitten in einer verantwortungsvollen Mission wirst du abgesetzt! Welch ein Ärger und welche Entmutigung! Aber lautet der Ruf des Herrn „Folge mir“ oder „Folge dieser Aktion oder jenem Menschen“? Lass die Hände davon. Gott wird sich der Sache annehmen.

❍

Du schenkst keinem Vertrauen, vertraust keinem deine Aufgabe an, überlässt keinem deinen Platz. Bist du etwa mächtiger als Gott?

❍

Warum klammerst du dich an diese und jene Aufgaben und lässt sie nicht los, wenn deine Vorgesetzten dich versetzen? Das sind mehr Gottes Angelegenheiten als die deinen. Lass es Gottes Sorge sein.

❍

Gerade dann, wenn du auf das Ergebnis deiner apostolischen Arbeit stolz bist, droht große Gefahr. Der Teufel sammelt seine Kräfte, um dich überraschend anzugreifen.

❍

5

Das innere Leben

Das kontemplative Leben verwirklicht sich in der Aktion

Der Friede ist die Frucht des Sieges, und der Sieg ist die Frucht des Kampfes. Willst du den Frieden für deine Seele, musst du ununterbrochen kämpfen.

❍

Deine Waffen sind: Betrachtung, Opfer, Rosenkranz, Exerzitien. Deine Verbündeten sind die Mutter Gottes, der heilige Josef, die Engel, dein Schutzpatron, dein Seelsorger. Dein Sieg ist sicher, wenn du nicht im Laufe der Zeit deine Waffen aufgibst und deine Verbündeten verrätst.

❍

Von einem hohen Haus blickst du herab auf die Straße und siehst die Ströme gehetzter Menschen. Vielerlei Fahrzeuge, Menschen aller Art und Herkunft. Wie im Kampf miteinander, wie auf der Flucht, in größter Eile und Hektik, und das wegen der Liebe, des Geldes, des Ruhms, des Lebenskampfes. Erst wenn wir uns mit einem ähnlichen Eifer in die Sache Gottes stürzen, ungeachtet Leben oder Tod, erst dann lebt unser Glaube wirklich, erst dann erwärmt sich unser apostolischer Geist.

❍

Wärst du entschlossen gewesen, jedes Jahr eine Tugend zu praktizieren, und hättest dafür jeden Tag ein wenig geübt, dann wärst du heute ziemlich weit auf dem Weg der Vollkommenheit.

❍

Taucher erforschen den Meeresgrund, Astronauten erforschen den Weltraum. Beide setzen sich Gefahren aus um der Wissenschaft willen. Erst wenn du um Gottes willen alles verlässt und jederzeit bereit bist, dein Leben für Gott zu riskieren, dann ist dein inneres Leben glaubwürdig.

❍

Du willst durch deinen apostolischen Eifer Feuer an die Erde legen und alle fünf Kontinente erobern? Dann sollen alle Minuten deines Lebens Flammen der Pflichterfüllung, des Gehorsams, der Geduld sein. Diese Flammen werden lichterloh brennen und auf die ganze Welt ausstrahlen.

❍

Das Schweigen, das Äußerliche, aber vor allem das innere, macht die Atmosphäre deines inneren Lebens aus.

❍

Wie alle Menschen, brauchst du nicht außergewöhnlich talentiert zu sein, um zur Heiligkeit zu gelangen. Alles was du brauchst, ist Gottes Gnade und deine Entschlossenheit. Es gibt so wenige Heilige, weil es leichter ist, durch Studium ein Gelehrter zu werden als durch Verwandlung des ganzen Lebens ein Heiliger.

❍

Du stellst dich mit großem Eifer in den Dienst Gottes; das ist vorzüglich. Gott ist aber mit dir erst zufrieden, wenn dein Eifer begleitet ist von der Erneuerung deines eigenen Herzens.

❍

Die Menschen dieser Welt fürchten sich vor der Stille, weil sie sich darin einsam und leer fühlen. Menschen mit geistlichem Leben aber schätzen die Stille, weil sie im vertrauten Leben mit dem dreieinigen Gott eine neue, wunderbare Wirklichkeit entdecken, die diese Welt nicht erkennen kann.

❍

Wärest du entschlossen gewesen, jedes Jahr einen Fehler auszurotten, und hättest du dich jeden Tag darin geübt, dann wärst du heute viele Fehler und Schwächen los.

❍

Du fragst, wann soll ich mit dem geistlichen Leben beginnen? Fang heute an! Und beginne jeden Tag wieder neu.

❍

Wer soll nach Heiligkeit verlangen? Alle, ohne Ausnahme. Du sollst bei dir anfangen, weil Gott alle dazu beruft.

❍

Auf der ganzen Welt gibt es nichts, was so wertvoll ist wie die göttliche Gnade. Mit dieser Gnade beginnt das Paradies in deinem Herzen schon auf Erden.

❍

Der funkelnde Diamant, so teuer, so wertvoll, geht aus einem tausendjährigen Prozess im Inneren der Erde, im Inneren eines Felsens hervor. Bist auch du aus deinem Inneren heraus zur Reife gekommen?

❍

Geh hinaus in Windeseile und rufe es laut allen Leuten auf der ganzen Welt zu: „Da gibt's einen, der für dich gestorben ist."

❍

Auf der Leinwand brennt lichterloh ein heftiges Feuer, das den Zuschauern große Angst einjagt. Dieses Feuer aber spendet keine Wärme, es kann nicht zum Kochen verwendet werden; es ist eine falsche Glut, die nicht aus einem Ofen kommt.

❍

Die Liebe zu Gott muss absolut sein. Der Herr lehrt: „Niemand kann zwei Herren dienen." Und du, wie vielen Herren dienst du?

❍

Jeden Tag sollte man einige Minuten der Stille widmen, um das Wachstum des geistlichen Lebens zu fördern. Wie viele Minuten sind es bei dir bis jetzt gewesen?

❍

Die Leute sprechen von der Krise des Glaubens, Krise der Autorität. Ich meine eher: Krise der Heiligkeit. Gott bewirkt einen Läuterungsprozess: „Der Satan hat verlangt, dass er euch wie Weizen sieben darf." (Lk 22,31)

❍

Du kannst nicht begreifen, warum St. Ignatius zu Gott betete: „Gib, das ich Dich kenne, o Herr, und dass ich mich kenne.“ Denk an das Wort Jesu an Philippus: „Schon so lange bin ich bei euch, und du hast mich nicht erkannt, Philippus?“ Wenn du den Herrn wirklich „kennst“, wird sich dein Leben von Grund auf verändern.

❍

Manche sprechen viele Gebete und wohnen vielen Messen bei, ihr Glaube wird aber nicht ins konkrete Leben umgesetzt. Solche Leute sind mit einem Menschen vergleichbar, der bei der Frage: „Wie geht’s dir gesundheitlich?“ antwortet: „Ich esse sechs Mahlzeiten pro Tag.“ Viele Mahlzeiten pro Tag bedeuten noch lange nicht, dass man gesund ist.

❍

6

Das übernatürliche Leben

Unverkürzt den Willen Gottes leben

Wenn alle dich loben, Gott aber dich tadelt, welch ein Unglück für dich! Wenn alle dich beschimpfen, verleumden und sich vor dir ekeln, Gott dich aber lobt, welches Glück für dich, denn das Himmelsreich ist dein!

❍

Was nützt es dir, wenn alle dich loben, Gott aber dich tadelt? Wenn dagegen alle dich auslachen, Gott aber dich lobt, welch ein Glück für dich! Als das Volk lautstark forderte: „Gib uns Barabbas frei“, blieb Barabbas nach wie vor ein Räuber. Als die Menge schrie: „Kreuzige ihn“, blieb Jesus der schuldlose Sohn Gottes.

❍

Angesichts der Undankbarkeit, des Verrats und der Verleumdung, die dir am meisten wehtun, wenn solche Bösartigkeiten von Leuten stammen, von denen du sie nicht erwartet hast, verhalte dich so:

verzeihe diesen Menschen aufrichtig, von ganzem Herzen,

bitte sie sogar um Verzeihung, wenn sie gegen dich erzürnt sind,

liebe sie und bete, damit sie zur Einsicht kommen.

So bist du nicht mehr auf den Trost der Welt angewiesen.

❍

Freue dich über deinen Erfolg und danke Gott dafür, wenn andere mehr Erfolg ernten als du.

❍

Torheit in den Augen der Menschen ist in Gottes Augen Weisheit.

❍

Das Kreuz war ein Ärgernis für die Juden und eine Torheit für die Griechen. Wir aber sollten auf das Kreuz des Herrn stolz sein.

❍

Den ganzen Tag in der Kirche verweilen, bedeutet noch keine Tugend, wenn du rechthaberisch bleibst, wenn du nach wie vor den Regeln der Weltweisheit folgst und von Eigenliebe beherrscht bist. Johannes und Jakobus waren ständig mit dem Herrn zusammen; aber er musste sie noch fragen: „Wessen Geist habt ihr?"

❍

Sag nicht: „Ich handle nach meinem Gewissen." Hast du noch ein Gewissen, dem du folgen kannst?

❍

Armut, Gehorsam, Askese, Duldsamkeit, Nächstenliebe, Bereitschaft zur Vergebung, Demut, das sind Tugenden, die vor den Augen mancher Zeitgenossen als töricht gelten, vor Gottes Augen aber erhaben und bedeutsam erscheinen. Was die Welt ein Unglück nennt, ist bei Gott Glück.

❍

Sieh alle Dinge mit Gottes Augen, dann gelten für dich ganz andere Wertvorstellungen und andere Maßstäbe.

❍

Prüfe einmal, ob dein Denken und Handeln nicht zu sehr von Eigenliebe, Eigeninteresse und Eigennutz bestimmt sind, so dass Gottes Wille darin kaum noch Platz findet.

❍

Paulus sagt: „Ich habe gepflanzt, Apollos hat begossen, Gott aber ließ wachsen."

❍

Wenn es die Auferstehung nicht gibt, dann sind die Christen die unglücklichsten Menschen auf der ganzen Welt. „Ist Christus nicht auferweckt worden, sagt Paulus, dann ist unsere Verkündigung leer und euer Glaube sinnlos."

❍

Jedes Mal, wenn du erklärst: „Für Gott, für die Kirche", solltest du dich in aller Stille vor Gott hinstellen und aufrichtig fragen: „Herr, siehst Du mich ganz für Dich handeln? Oder bist Du nicht das Nebenmotiv meiner Handlung, gibt es nicht andere stärkere Motive, die ich dir nicht enthüllen mag?"

❍

Du hast dich Gott ganz übergeben. Warum willst du dein Geschick noch mit anderen Menschen in der Welt vergleichen und dich über diese und jene

Nachteile beschweren? Bedauerst du es, dich bedingungslos in den Dienst Gottes gestellt zu haben?

❍

„Ich sah den Satan wie einen Blitz vom Himmel fallen.“ „Freut euch darüber, dass eure Namen im Himmel verzeichnet sind“, mehr als über eure Fähigkeit, Wunder zu wirken.

❍

7

Das Beten

Beten ist mein Beruf

Aktion ohne Gebet ist nutzlos vor Gott. Roboter könnten bessere Leistungen erbringen als du.

❍

Zuerst kommt das Gebet, dann das Opfer, erst dann die Aktion.

❍

Das Gebet ist das Fundament des geistlichen Lebens. Das Gebet verbindet, ja vereinigt dich mit Gott. Die Glühbirne kann nur in Verbindung mit der Stromquelle leuchten.

❍

Glaubst du an die Allmacht des Gebets? Denke über das Wort Jesu nach: „Wahrlich, ich sage euch: bittet, dann wird euch gegeben; sucht, dann werdet ihr finden, klopft an, und die Tür wird euch aufgetan." Gibt es eine Versicherungsgesellschaft, die eine bessere Sicherheit geben könnte?

❍

Das christliche Leben nährt sich aus dem Gebet: das ist das ganze Geheimnis. Ein Wunder von jemandem, der nicht betet? Glaube nicht daran.

❍

Bete unaufhörlich, wo du dich auch befindest. Jesus hat gesagt: „Betet ohne Unterlass.“

❍

„Wo zwei oder drei sich in meinem Namen versammeln, da bin ich mitten unter ihnen.“ Dieses Wort Jesu hat sich bewahrheitet. Insbesondere bei vielen betenden Gemeinden. Sie leben tausende von Kilometern von ihrem Seelsorger entfernt. Doch ermuntern sie sich zum Ausharren im Gebet, Schicksalsschlägen und Einsamkeit zum Trotz.

❍

Du wunderst dich darüber, warum so viele ihrer Berufung untreu werden, warum so viele ihren Glauben verlieren und die Kirche verraten? Dafür gibt es mancherlei Gründe, aber einer der Hauptgründe ist: sie haben schon lange mit dem Beten aufgehört.

❍

Du sollst das Gebet nicht gering schätzen. Denke an das Ersuchen der Apostel: „Herr, lehre uns beten.“ Und Jesus antwortete: „Wenn ihr betet, dann sagt: Unser Vater im Himmel ...“ Jesus zeigt uns, wie wir beten sollen.

❍

Der Herr lehrt uns das Beten. Er will uns beten helfen. Das Wesentliche ist, Gott zu begegnen. Ein Gespräch zwischen Vater und Sohn: Wenn du betest, sorge dich nicht, was du sagen sollst! Ziehe dich in dein Zimmer zurück, bete zu deinem Vater mit Diskretion. Dein Vater, der alles sieht, wird dich erhören.

Die äußere Art und Weise ist unwesentlich. Worauf es ankommt, ist die Liebe zwischen Vater und Kind.

❍

Die Gebete der Liturgie sind Gott wohlgefällig, weil sie aus der Bibel stammen, weil sie die Gebete der Kirche sind, des mystischen Leibes Jesu. Benutze das Messbuch, das Psalmenbuch, das Gebetbuch der Kirche in deinen Gebetsstunden.

❍

Wenn ich sage, das Gebet genieße den höchsten Rang, dann ist meine Aussage nicht unbegründet. Jesus hat selber gesagt: „Maria hat für sich das Beste gewählt." Denn sie saß zu Füßen des Herrn, und sie liebte ihn. Ihr Anteil war die leibliche Gegenwart des Herrn, sein Wort, das Gebet. Für uns die heilige Eucharistie, sein Wort, das Gebet.

❍

Du suchst einen Freund, eine Stütze gegen die Einsamkeit. Warum suchst du nicht den Freund, der dich nie verrät und der zu allen Zeiten und an allen Orten bei dir bleiben kann?

❍

Ein Heiliger, der nicht betet, ist ein kein Heiliger. Es wird nicht lange dauern, bis der Schein zusammenbricht.

❍

Willst du wissen, was die apostolische Arbeit eines Menschen wert ist, dann beobachte, wie er betet.

❍

Wenn du kein Betender bist, wird niemand glauben, dass dein Wirken nur um Gottes willen geschieht.

❍

Warum kriselt es in der Kirche? Wegen der Geringschätzung des Gebets.

❍

Die Macht des Gebets. Wer kann sie beschreiben? Innig wie die Apostel und die Mutter Jesu im Abendmahlsaal, hingebungsvoll wie Jesus im Garten Getsemani, entschlossen wie Moses mit ausgebreiteten Armen auf dem Berg, reumütig und um Vergebung bittend wie der gute Schächer auf Golgota.

❍

„Der Mensch lebt nicht nur vom Brot, sondern von jedem Wort, das aus Gottes Mund kommt"; vom Leib des Herrn, der Heiligen Schrift, dem Gebet. Das ist die Nahrung für das Leben aus dem Geist.

❍

Es betet jemand, der noch nicht Christ geworden ist – ein gutes Zeichen! Der Beginn des Gebets ist auch der Anfang des Glaubens.

❍

Die Liebe zum Gebet ist wie ein flammendes Feuer, das deinen apostolischen Geist wärmt. Um diese Glut zu nähren, wirf als große Scheite Opfer und Exerzitien und als kleines Brennholz kurze Gebete und kleine Opfer hinein.

❍

Auch wenn du es nicht aussprichst, Gott sieht in dein Herz. Nimm dir als Beispiel die Geschichte der Frau, die an Blutungen litt. Schon durch ein Berühren des Saums von Jesu Gewand wurde sie erhört.

❍

Als Sünder wagst du nicht vor Gott zu treten, aber das Wort der Kirche gibt dir Zuversicht: „Durch Christus unseren Herrn!" Reichen die Leiden Jesu, die Verdienste seiner Mutter und der Heiligen nicht aus, um dein kleines Gebet wirksam einzuschließen?

❍

Meinst du, die Kinder können noch nichts und die Kranken nichts mehr für die Kirche tun? Aber nein! Nach dem offiziellen Gebet der Kirche findet Gott am meisten Wohlgefallen am Gebet der Kinder und der Kranken. Bring es ihnen öfters zum Bewusstsein!

❍

Die Zeit des Gebets ist die Zeit des Gesprächs mit Gott, deinem Vater, und nicht die Zeit der Hausaufgabe, die Zeit des Herzens und nicht die Zeit der Logik. Streng nicht gewaltsam deinen Geist an, um zu finden, was du Gott sagen sollst.

❍

Viele Gemeinden ohne Priester haben ihren Glauben durch lange Jahre hindurch standhaft bewahrt: dank des gemeinsamen Gebets in den Familien.

❍

Dein Gebet muss Welt umfassend sein. Dein Herz muss das ganze Weltall enthalten können. Doch darfst du nicht deswegen die Realitäten in dir und in deiner unmittelbaren Umgebung aus den Augen verlieren.

❍

Die geistlichen Bücher haben vielen Menschen zur Heiligkeit verholfen. Sie sind das, was die Glut des Gebets nährt.

❍

Im Personalausweis von Gott geweihten Menschen müsste als Berufstätigkeit eigentlich „Gebet“ eingetragen werden. Alle anderen Berufe werden schon von der Welt ausgeübt. Sie erwartet von dir, dass du als Betender in ihrer Mitte lebst und lässt dich ihre Bitte vernehmen: „Bete für mich!“

❍

Nicht aus Faulheit blieb Maria zu Füßen des Herrn sitzen. Das Evangelium spricht nicht die Faulen heilig. Maria hat den besten Anteil gewählt: Sie hört unserem Herrn zu, lässt Gottes Wort tief in sich eindringen, sich von ihm wachrütteln, dass es in ihr und mit ihr wirke. Welche Aktion könnte diese gänzliche Umwandlung bewirken?

❍

8

Das Opfer

Ein Zeugnis der Liebe

Opfer und Betrachtung gehören zusammen. Wenn du opferscheu bist, dann brauchst du nicht zu klagen, dass deine Betrachtung nur lau ist.

❍

Du musst manches Opfer bringen, wenn du dich unter Menschen anderer politischer Meinung, anderer sozialer Stellung, anderer Ideale befindest. Betrachte das Beispiel Jesu: er lebte inmitten von sündigen Menschen dreiunddreißig Jahre lang in ununterbrochener Hingabe.

❍

Macht dich jemand unglücklich, kannst du zweierlei Standpunkte beziehen: „Er fügt mir Schaden zu“, oder: „Er verhilft mir zur Heiligkeit.“

❍

Die Welt sagt: „Der stürzt mich ins Unglück.“ Du aber musst sagen: „Dieser Mensch ist das Werkzeug Gottes, mit dem Er mich verwandeln will!“

❍

Jeder empfindet Ehrfurcht vor Menschen, die sichtbar an ihrem Leib die Wundmale Christi tragen dürfen.

Aber jeder fürchtet, Gott könnte ihm diese Wundmale unsichtbar einprägen, indem er auch Opfer fordert.

❍

Du denkst, du hast nichts, was du dem Herrn als Opfer darbringen könntest. Der Herr sieht aber, dass du so viele Gelegenheiten versäumst: jemandem freundlich zulächeln, der dich mit schmerzenden Worten verletzt; bei einer ungerechten Verleumdung schweigen; einen Freund, der dich verrät, weiterhin lieben; nicht mit vernichtender Rede antworten. So bringt dir jede Minute eine Opfergelegenheit.

❍

Opfere nicht nach der Art der Pharisäer, opfere gemäß dem Evangelium.

❍

Wer wirklich liebt, opfert sich für andere ohne seine Verdienste zu zählen.

❍

Du sagst: Ich finde keine Gelegenheit zum Opfer. Das ist ein Zeichen, dass du Gott noch nicht genug liebst.

❍

Ohne Opfer und Verzicht, kann man nicht heilig werden. „Wer sich nicht selbst verleugnet und das Kreuz auf sich nimmt“, der „folgt“ dem Meister noch nicht. Das ist die conditio sine qua non.

❍

Opfere dich, nicht die anderen!

❍

Weil wir lieben, sind wir bereit, alles zu opfern. „Damit die Welt erfährt, dass der Vater mich liebt und ich den Vater liebe“, raffen wir uns auf und machen uns auf den Weg.

❍

Wenn du nicht sichtbare Opfer bringst, kann niemand an deine innere Opferbereitschaft glauben. Opfer bringen beim Gebrauch der Sinnesorgane ist äußerst wichtig. Davids Fall ist dadurch bedingt, dass er seine Augen nicht beherrscht hat.

❍

„Weil der Herr seine Jünger liebte, liebte Er sie bis zur Vollendung.“ „Bis zur Vollendung“, das ist das Kreuz. Dein Opfer muss vollständig, muss ein Ganzopfer sein, wenn du „bis zur Vollendung“ liebst.

❍

Was dich von Gott entfernt, das bringe ihm zum Opfer. Denke an das Wort: „Wenn dich deine Hand zum Bösen verführt, dann hau sie ab; es ist besser für dich, verstümmelt in das Leben zu gelangen, als mit zwei Händen in die Hölle zu kommen, in das nie erlöschende Feuer.“

❍

Gott pflegt von den Menschen, die er liebt, Opfer zu verlangen. Doch nur wenige Menschen nehmen diese Liebe an, weil sie die Opfer scheuen.

❍

Wenn du zu kleinen Opfern nicht bereit bist, wirst du vor großen kapitulieren.

❍

Als Hilfe kannst du bei jedem Opfer ein Anliegen benennen: das Heil eines Menschen, die Gesundung eines Kranken, die Nöte der Kirche einer bestimmten Region.

❍

Wer am frühen Morgen mit Schwung aufsteht, der wird tagsüber in Schwung bleiben. Der Augenblick des Aufstehens ist sehr wichtig.

❍

Fürchte dich nicht! Lies die Geschichte der Apostel: sie mussten Not und Hunger leiden, sie wurden beraubt und geschlagen, Schiffbrüche, Verleumdungen, Kerker und Tod waren ihr Los.

❍

Wenn du die Selbstbeherrschung gewinnst, dann werden deine Seele und dein Leib zu Freunden, einig und unschlagbar. Fehlt die Selbstüberwindung, sind deine Seele und dein Leib wie aneinander gekettete Feinde.

❍

Ein Mensch mit Opfergeist ist großzügig gegenüber den Schwächen seiner Mitmenschen und streng gegenüber seinen eigenen.

❍

*Es gibt Leute, die Opfer bringen, dabei aber wünschen, dass alle um ihre Opfer wissen. Es gibt Leute, die keine Opfer bringen, dabei aber wünschen, dass alle an ihre Opfer glauben. Es gibt schließlich Leute, die sich ständig aufopfern, aber nicht wollen, dass die anderen darum wissen.

❍

Bei einer Wallfahrt mit Tausenden von Pilgern will jeder das Kreuz tragen und ganz vorne schreiten. Wie viele aber sind in der täglichen „Wallfahrt“ bereit, das eigene Kreuz zu tragen? Es ist so schwer, ein Held im Stillen zu sein!

❍

Heiligkeit und Sünde, zwischen beidem entscheidet sehr oft nur eine Minute des Opfers.

❍

Die Opfer unseres Herrn Jesus, wie sie im Glaubensbekenntnis verkündet werden, müssten dich erschüttern: „Er ist Fleisch geworden und wurde Mensch; gekreuzigt, gestorben und begraben ...“ Er gab sein ganzes Leben als Opfergabe hin.

❍

Du kannst dein Leben, deine ganze Existenz nur opfern aufgrund deiner überströmenden Hoffnung auf Jesus: Er ist auferstanden, wie in der Heiligen Schrift vorausgesagt. Er ist in den Himmel aufgefahren. Er wird in Herrlichkeit wiederkommen. Sein Reich wird ohne Ende sein.

❍

Denk nicht, dass nur du allein Opfer bringst. Schau um dich: Opfer bringen alle, von den kleinsten Kindern bis hin zu den Alten, die alles opfern, um ihre Kinder und Enkelkinder zu ernähren. Scham und Bewunderung solltest du empfinden; es gibt viele Menschen, die Hunger und Not leiden; aber sie haben unter ihren Lumpen ein heldenhaftes Herz.

9

Das Herz

Lass dein Herz nicht altern

Schenke Gott nicht dein Herz, um dann zu versuchen, es durch das eines anderen zu ersetzen. Der Herr will nicht, dass du ein solches Spiel der Herztransplantation betreibst.

❍

Je älter die Heiligen werden, desto jünger und frischer wird ihr Herz.

❍

Die Zeit soll nicht dein Herz altern lassen. Du solltest lieben mit einer Liebe, die jeden Tag inniger, stärker und reiner wird: das heißt mit der Liebe, die Gott in dein Herz einströmen lässt.

❍

Warum zauderst du? Alle Ketten, die dich festhalten, auch wenn sie aus Gold sind, sollst du zerbrechen, um voranzukommen. Am Ende des Weges wartet Gott auf dich.

❍

Immer wieder sagst du: „Ach! Hätte ich mich doch von Anfang an ein für allemal entschlossen!“ Wie schön, wenn du diese verspätete Reuebekundung nicht mehr wiederholen müsstest!

❍

Du spürst die Schwäche deines Herzens. Bei den Heiligen ist es genauso. Aber gerade darum sind sie Heilige geworden: durch die Gnade Gottes und den starken Willen.

❍

Ein Herz schenkst du Gott, das von tausenderlei Dingen besetzt ist. Soll Gott ein solches Herz annehmen und bewahren?

❍

Wie kannst du ein beflecktes Herz gegen das heiligste Herz Jesu eintauschen?

❍

Du sagst: „Dies sind Freundschaften, die mir Kraft geben." Gib Acht! Wenn du nicht vorankommst, könnten sie die Bürden sein, die dich niederdrücken.

❍

Mit deinem Herzen gehst du hausieren. Jeder Passant kann es haben. Und wenn dein Herz allen überdrüssig wird, dann willst du es Gott schenken. Glaubst du, Gott sei naiver als du?

❍

Der Herr will dein ganzes Herz. Er will es mit niemandem teilen.

❍

Wenn du alles verlässt, wirst du alles erhalten und allen Heil bringen. Der Herr Jesus hat gesagt: Wenn ich aufgehängt werde, werde ich alles zu mir emporziehen (vgl. Joh 12,32).

❍

Denke nicht: wenn du alles verlässt, wird dein Leben einsam und dein Herz kalt und nicht mehr fähig, Menschen anzuziehen. Du wirst das Licht und die Wärme des heiligsten Herzens unseres Herrn Jesu erhalten. Sieh, welche Anziehungskraft den Heiligen innewohnt!

❍

Die Heiligen haben alles verlassen. Aber wohin sie auch gehen, folgen ihnen Scharen nach; siehe beispielsweise den Pater Pio oder den heiligen Pfarrer von Ars.

❍

Du willst nicht dem Willen Gottes folgen. Damit machst du dich zum Sklaven deiner selbst und vieler anderer.

❍

Herzensneigung und Pflicht: wie wählen? Wähle die Pflicht und erfülle sie mit deinem ganzen Herzen.

❍

Die „Liebe“ als Instrument der apostolischen Arbeit benutzen: welch ein schöner Vorwand! Doch den solltest du überprüfen. Du wirst sehen, dass nur das

Gefühl bleibt, vom apostolischen Eifer bleibt wenig übrig.

❍

Ungeläuterte und unbeherrschte Neigungen sind wie Ketten, die dich daran hindern, emporzusteigen.

❍

Nicht die Vielzahl deiner Aktivitäten ist wichtig, sondern die Reinheit deiner Liebe, die deine Aktivitäten beseelt und verwandelt.

❍

10

Die Seelenstärke

Eine Leidenschaft: das Evangelium
Ein Ideal: Das Leben Jesu Christi

Der Herr hat dir ein Leben geschenkt, zugleich auch die Freiheit, daraus ein geheiligtes, würdiges, nützliches Dasein zu machen oder es zu vergeuden und in eine verkümmerte, unfruchtbare und treulose Existenz zu verwandeln.

❍

Der Egoist meidet Verantwortung, Anstrengung und Opfer: Er will sein eigenes Glück schaffen, ein Paradies für sich selber auf Erden aufbauen; aber er wird für immer das Paradies verlieren.

❍

Der großherzige Mensch betrachtet die Mitmenschen als Brüder, die Angelegenheiten der Mitmenschen als die eigenen. Der Egoist sieht in den Mitmenschen nur eine Leiter für sein Vorwärtskommen und kennt nur die Angelegenheiten des eigenen Ichs.

❍

Das Volk für das eigene Vorwärtskommen zu missbrauchen, ist nicht das Verhalten eines echten Führers. Du wirst ein würdiger Führer sein, wenn du das

Volk nicht meidest, sondern seine Nähe suchst und dein Leben einsetzest, um es zu retten.

❍

Verwechsle nicht Feigheit mit Klugheit. Weil noch so viele „Kinder des Lichtes“ eine solche Klugheit kultivieren, erobern die „Kinder der Finsternis“ so viel Terrain.

❍

Wer Seelenstärke hat, ist nicht von sich eingenommen. Die Eigenliebe ist wie ein Vorhang, der dich von Gott, von deinen Brüdern, von allem trennt, und du brauchst niemanden mehr.

❍

Ein Mensch mit Seelenstärke hat den Geist der Opferbereitschaft. Er gleicht Zucker oder Salz: die Selbstauflösung akzeptieren, um den Speisen Geschmack zu verleihen, ohne sich dessen zu rühmen.

❍

Ein aufrechter Mensch verhält sich gradlinig und würde sich schämen, in den Angelegenheiten anderer zu wühlen oder hinterlistig zu sein.

❍

Seelenstärke verzettelt sich nicht, mischt sich nicht in alle Angelegenheiten. Zucker und Salz sind nicht dazu bestimmt, sämtliche Speisen zu würzen. Du sollst deine Grenzen erkennen.

❍

Seelenstärke weiß zu schweigen. Unverantwortlich, unüberlegt reden, Zwietracht säen, Böswilligkeiten, das sind Waffen des Teufels in seinem Kampf gegen die Liebe.

❍

Der seelenstarke Mensch ist nicht neugierig, wühlt nicht in fremden Angelegenheiten. Er sammelt aber seine ganze Kraft, um zu klarer Selbsterkenntnis zu gelangen.

❍

Der Hang zu Kritik und Nörgelei ist ein großes Hindernis für dein geistliches Leben; deine negative Einstellung und deine Kritik verärgern die Mitmenschen und schüren die Bitterkeit in deinem Herzen.

❍

Benutze nie deine Misserfolge, deine Prüfungen und deine Schmerzen als Vorwand, um bittere Kritik an anderen zu üben.

❍

„Gleichgültig wegschauen!" gehört zum Wortschatz der Feiglinge und Faulen, die nicht kämpfen wollen und schon von vorneherein die Niederlage akzeptieren.

❍

Setze nicht auf falsche Bescheidenheit. Ehrgeiz ist erforderlich: wissen wollen, handeln wollen, risikofreudig sein. Das alles aber nur um des Herrn und um der Kirche willen.

❍

Hüte dich vor heftigem Streit. Denn dadurch wirst du verblendet. Leidenschaft ist wie der Nebel, der das Licht der Weisheit Gottes verdeckt.

❍

Reibungen im Umgang mit den Mitmenschen sind normal. Eine Gesellschaft ohne Reibungen kann nur das Paradies sein. Gerade Reibungen machen den Stein glatter, runder, reiner und schöner.

❍

Sei nicht leichtgläubig und leichtsinnig. Dadurch verkümmert deine Seelenstärke. Symptom des Leichtsinns ist die sprunghafte Änderung von Meinungen und Aktionen.

❍

Dein Leben soll nicht voll von Programmen sein, die nie verwirklicht werden, eine Begräbnisstätte gescheiterter Pläne.

❍

Der Leichtgläubige ist wie ein Hampelmann: er macht viele Bewegungen, doch ohne Wirkungen, nutzlos. Deine geplanten Aktionen sollst du schon heute anpacken, nicht erst morgen früh.

❍

Gott hat dich nicht geschaffen, damit du der Herde folgst wie Enten und Schafe, sondern damit du andere Menschen führst. Führen heißt ermuntern, motivieren und mitreißen.

❍

Die kleinen Dinge sind wichtig, unterschätze sie nicht.

❍

Wenn du dich in kleinen Dingen überwindest, dann wirst du Herr über dich selber sein und deinem Willen eiserne Stärke verleihen.

❍

Wenn du etwas zu sagen hast, achte auf den Ton. Mit einem liebevollen und sanften Ton kommt dein Argument besser an und ist wirkungsvoller. Dasselbe kann in zwei verschiedenen Tonarten ausgesprochen werden, die aus verschiedenen geistigen Haltungen kommen; so sind auch die Ergebnisse verschieden.

❍

Lass deinen Zorn nicht explodieren, wenn jemand etwas falsch gemacht hat. Warte geduldig, du erreichst viel mehr mit einer sanften Rede als mit stundenlangen Beschimpfungen. Dadurch verbuchst du einen Erfolg durch Selbstbeherrschung.

❍

Bleib standhaft: was zu tun ist, tu ohne Zaudern und ohne Furcht, mit vollem Vertrauen auf Gott und mit Mut.

❍

Vor einem Hindernis bleib unerschütterlich wie ein Riese. Es mangelt nicht an Gottes Gnade. Und wenn du gezwungen bist, für einige Zeit deine Aktionen einzuschränken, was macht das schon? Es sind doch Gottes Angelegenheiten, nicht deine eigenen.

❍

Deine Zeit und deine Kraft kommen von Gott. Warum verschwendest du sie an die Hindernisse unterwegs? Auf dem Ozean gibt es immer Wellen. Das Schiff muss aber weiterfahren und denkt nicht an die Wellen.

❍

Ruhe bewahren! Warum bist du ärgerlich und zornig? Ein solches Verhalten verletzt Gott, macht den Mitmenschen Kummer und dich stundenlang unglücklich... Was wird damit gewonnen? Du wirst es in den folgenden Stunden bedauern.

❍

Sag nicht: „Ich bin so geschaffen, das ist nicht zu ändern.“ Nein, es sind zu korrigierende Fehler. Du sollst reif, erwachsen sein, du sollst ein Kind Gottes werden. Die negativen Eigenschaften sind deiner unwürdig.

❍

Kehr den Kleinmütigen den Rücken. Sie flüstern dir ins Ohr: „Welche Torheit, das Leid auf dich zu laden!“ Jesus hat zu Petrus gesagt: „Satan, weg von mir!“

❍

Du musst dich darin üben, abzulehnen. Man muss „nein“ sagen können.

❍

Sei nicht provinziell. Öffne dein Herz, damit alle dort ihren Platz finden. Sonst wärst du nur dem Namen nach Christ, aber nicht in Wirklichkeit.

❍

Mach dein Leben hell durch Glauben und Liebe. Du sollst die Welt mit jenem Feuer erleuchten, das Gott in deinem Herzen entzündet hat.

❍

Verhalte dich so, dass dein Denken, Reden und Handeln bei den anderen zu der Feststellung führt: Dieser Mensch hat nur eine Leidenschaft: das Evangelium, und nur ein Ideal: das Leben Jesu Christi.

❍

Ernst und entschlossen sollst du sein. Dein äußeres Verhalten soll dein Inneres ausstrahlen lassen: mit einer friedvollen und selbstbeherrschten Seele ist dein Verhalten nicht unreif und sprunghaft.

❍

Bernadettes Vater begleitete sie ins Kloster und stellte eine Bedingung: „Bitte, zwingt nicht mein Kind, Käse zu essen. Sie wird daran sterben." Sieben Jahre lang kämpfte Bernadette mit sich selbst bei Tisch: „Ich esse Käse. Ich kann keinen Käse essen. Ich esse Käse." Schließlich hat sie den Sieg davon getragen. Sie kann Käse essen. Und sie wird eine Heilige.

❍

11

Gott ist gegenwärtig

Mit Gott ist dein Leben
nicht mehr einsam

Leg öfters einmal die Hand auf dein Herz und sag zu dir selber: „Gott ist mit mir, in mir." Allmählich wird Gott dich etwas vom Glück dieser Gegenwart kosten lassen.

❍

„Wo ist Gott?" „Gott ist im Himmel." So die Antwort, die man den Kindern leider im Religionsunterricht gibt. „Gott ist in dir", wie wahr, wie beglückend und lebensnahe!

❍

Auf dem Gesicht vieler Patienten im Krankenhaus St. Cottolengo liegt ein besonderer Ausdruck. Im Laufe des Tages ertönt von Zeit zu Zeit eine sanfte Stimme aus dem Lautsprecher: „Wir sind bei Gott!"

❍

Ein Glockenschlag, ein Turm erinnern dich daran, dass der Herr sich in deiner Nähe in einem Tabernakel befindet. Du spürst die Liebesglut in deinem Herzen und wendest dich geistig in Anbetung und Liebe ihm zu.

❍

Die Anwesenheit Gottes ist nicht abstrakte Theorie. Gott ist dein Vater, der bei dir ist, mit all seiner Macht und seiner Liebe. Er fleht dich an, er gibt dir Ratschläge, er ermuntert dich, er weist dich zurecht, vergibt dir und er tut all das in unablässiger Liebe.

❍

Jesus ist alles für dich: Endziel deiner Bestrebungen, Beweggrund für deine Entscheidungen, Motiv für deine Regungen, Vorbild für deine Handlungen.

❍

Die Anwesenheit eines engen Freundes ist für dich beglückend und bringt dich in gute Stimmung, die Anwesenheit einer Mutter strahlt Zärtlichkeit und Wärme aus. Die Anwesenheit eines geschätzten Gastes erfüllt dich mit Stolz, Dankbarkeit und Vertrauen. Aber der Abstand zwischen all diesen Freuden, die dir Menschen, und dem, was dir die Anwesenheit Gottes schenkt, ist tausendmal größer als die Entfernung zwischen Himmel und Erde.

❍

Warum beschwert sich der Christ über seine Einsamkeit? Wo bleibt denn sein Herr Jesus Christus?

❍

Das Grußwort des Engels: „Gegrüßet seist du, Maria, voll der Gnade, der Herr ist mit dir ...“ und das Grußwort der Kirche: „Der Herr sei mit euch“, haben sie für dich eine tiefe Sinngebung, die dein Leben zu verwandeln vermag?

❍

Vor Gott genügt dein Gewissen. Vor den Menschen brauchst du noch die Vorsicht, weil sie dein Gewissen nicht durchschauen können.

❍

Nimm die Hilfe der Mutter Gottes in Anspruch, um zu Jesus zu kommen. Du wirst dich an ein Leben mit Gott gewöhnen.

❍

Gottes Anwesenheit in dir ist nicht eine Gefühlsangelegenheit. Gott muss dich gänzlich besitzen, um dich in Liebe zu führen und zu trösten.

❍

Lebe an Gottes Seite, dann wirst du heilig, denn das Paradies ist nichts anderes als die Anwesenheit Gottes.

❍

Du wirst Gott in dir am besten gefallen, wenn du dich häufig mit Maria, seiner geliebten Mutter, unterhältst.

❍

Die Dreifaltigkeit ist in dir, und du wirst zum Tempel Gottes, gleichzeitig auch das Opfer und das ewige Lob und die tausendfarbige Blume, die sich dem Herrn darbringt.

❍

Warum ist man so eifrig, Tempel aus Stein und Holz zu errichten, anstatt die eigene Seele als seinen Tempel aufzubauen und zu pflegen?

❍

Sorg dich nicht darum, ob du in einem Palast oder in einer Hütte wohnst. Hauptsache ist, dass du daraus ein Heim der Liebe machst, dein Haus wird dann in ein Paradies verwandelt, weil Gott darin wohnt.

❍

12

Die Kirche

Eine Einheit: die Kirche
Ein Führer: der Heilige Vater
Ein Wunsch: dass alle eins seien

Jedes Mal, wenn sich jemand bei Papst Paul VI. wegen seines Kummers und seiner Erschöpfung besorgt zeigte, antwortete der Papst immer: „Das ist für die Kirche! Um der Kirche willen!“ Auch du sollst so leben, mit der gleichen Antwort.

❍

Es ist keine Liebe zur Kirche, wenn man die Kirche angreift.

❍

„Du bist Petrus, und auf diesen Felsen werde ich meine Kirche bauen.“ Zwanzig Jahrhunderte sind vergangen mit vielen Höhen und Tiefen, mit vielen Krisen, Feinden von innen und von außen, mit Epochen, die fast zum Verzweifeln waren. Aber die Kirche ist keine Vereinigung aus Menschenhand, sie ist die Kirche des Herrn.

❍

„Ich glaube an die eine, heilige, katholische und apostolische Kirche.“ Das ist dein Glaube, dein Glück, dein entschlossener Wille.

❍

Du brauchst dich nicht zu wundern, wenn man versucht, die Kirche zu zerstören, weil die Kirche eben der mystische Leib Christi ist. Man will Christus weiter vernichten. Da man ihn aber nicht mehr töten kann, versucht man, die Kirche zu zerstören.

❍

Viele kritisieren heute die Organisation der römischen Kirche. Ich gebe zu, die Römische Kirche ist nicht vollkommen. Aber ich bitte die Kritiker zu bedenken, ob sie selbst vollkommen sind und ihre Staaten es besser machen. Außerdem, die Kurie ist ein Organ der Kirche, sie ist nicht die heilige Kirche.

❍

Liebe die Kirche, gehorche der Kirche, bleib der Kirche treu und bete für die Kirche.

❍

Es gibt Leute, die, sobald von der Kirche die Rede ist, sofort zu kritisieren anfangen: die Kurie ist stockkonservativ, die Gotteshäuser kosten viel Geld, die Liturgie ist umständlich. Die Kirche ist doch nicht gleichzusetzen mit der Kurie, nicht mit den Gotteshäusern, nicht mit den Zeremonien. Welch ein Irrtum! Die Kirche ist das ganze Volk Gottes, das sich auf das Himmelreich zu bewegt.

❍

Du sollst zwischen der Frage der geschichtlichen Theologie und der Frage der Befähigung unterscheiden. Der Papst braucht nicht der Fähigste unter allen zu sein. Er ist aber derjenige, den Gott auserwählt und dem Gott die Macht gegeben hat. Ihm sollst du dich unterwerfen, weil Gott ihm „die Schlüssel zum Himmelreich“ anvertraut hat.

❍

Das christliche Leben hat nicht nur das Ziel, erlöst und befreit zu sein. Christlich leben heißt, in Communio leben mit dem Volk Gottes auf der ganzen Welt, mit dem Haupt, d.h. mit Christus, mit dessen Stellvertreter, dem Heiligen Vater, um Tod und Auferstehung Christi zur Erlösung der Menschheit fortzusetzen. Ohne dieses Einssein ist man wie ein Zweig, der vom Rebstock abgetrennt worden ist; man ist nur noch ein Christ auf dem Papier.

❍

Sag nicht, dass die Kirche bereits erneuert ist. Sag: die Kirche befindet sich in ständiger Erneuerung.

❍

Die Kirche wurde am Kreuz geboren. Sie wächst, indem sich das Leiden Christi bis zum Ende der Zeiten fortsetzt. Es wäre ein großer Irrtum, auf Geld, Diplomatie, Macht, Beziehungen zu setzen.

❍

Du sagst, du bist nicht gegen die Kirche, aber du bist gegen die Vertreter der Kirche. Du verhältst dich wie die Pharisäer: Sie sind nie gegen Jahwe, aber sie töten den, den Jahwe gesandt hat. Eine seltsame Logik!

❍

Du schimpfst über die Kirchenorgane, aber warum bestehst du immer hartnäckig darauf, Organisationsmodelle aufzustellen, Stellen mit Personal zu besetzen, Ausschüsse und Komitees zu gründen? So erklärte eine Gruppe: „Heute herrscht die Krankheit der Abkürzungen wie UNO, UNESCO etc. Wir protestieren energisch dagegen!“ und bezeichnet sich als VAA (Verein Anti-Abkürzung)!

❍

Es gibt Katholiken aus Interesse, es gibt Katholiken laut Taufschein, Katholiken aus Opportunismus, Katholiken aus Ehrgefühl. Gott wünscht sich hundertprozentige, bedingungslos bereite Katholiken, die alles verlassen haben, um ihm zu folgen.

❍

Niemand wird der Kirche abtrünnig aus Böswilligkeit. Aber es gibt in der Regel drei Umstände, die zum Kirchen-Verrat führen können:

Man gerät in eine ausweglose Situation bei Geld- oder Gefühlsangelegenheiten,

der Ehrgeiz wurde enttäuscht,

man hat in der Verfolgung Angst vor Schmerzen, Drangsalen und Tod.

❍

Seit zweitausend Jahren gibt es innerhalb der Kirche Zeiten des Verrates und der Rebellion in den eigenen Reihen: Apostel, Päpste, Kardinäle, Bischöfe, Priester, Ordensleute, Laien. Papst Paul VI. hat es „Selbstzerstörung“ genannt. Aber jedes Mal geht die Kirche frischer, schöner und kraftvoller aus der Krise hervor. In der Kirche setzt sich das Geheimnis des Todes und der Auferstehung Christi fort.

❍

Die Kirche hat viele Schwächen und kennt viele Skandale, aber sie hat auch die Zusage Gottes. Die Kirche ist ein fortdauerndes Wunder. Doch ist es nicht nötig, allen Leuten die Schwächen und Skandale der Kirche vor Augen zu führen. Oder gar selbst Skandale zu verursachen, um täglich Gottes Wunder zu provozieren.

❍

Sei bereit, für die Kirche und um der Kirche willen Opfer zu bringen.

❍

„Wer auf euch hört, der hört auf mich. Wer euch verachtet, der verachtet mich und wer mich verachtet, der verachtet den, der mich gesandt hat." Präge dir lebenslang ins Herz, die Männer und Frauen der Kirche, ihre heiligen Sakramente, ihre Weisungen, ihre Liturgie zu achten. Gott wird dir seinen Segen schenken.

❍

Innerhalb der Kirche sind alle dazu berufen und haben die Pflicht, heilig zu werden. Führst du kein heiliges Leben, dann fordere und predige auch nicht lautstark die Erneuerung der Kirche. „Wer den Heiligen Geist hat, kann nicht gegen Christus sein."

❍

Du glaubst an die Kirche, weil Christus sie gegründet hat und weil er nur diese Kirche gegründet hat. Du leidest unter den Unvollkommenheiten im Erscheinungsbild der Kirche, aber du bist dafür mitverantwortlich. Streng dich an, die Unzulänglichkeiten zu bereinigen und den Willen Christi für die Kirche zu verwirklichen.

❍

Bevor du zu kritisieren beginnst, solltest du die päpstlichen Enzykliken und die dazu gehörigen Texte studieren. Du wirst mit Staunen entdecken, dass die Päpste alle Probleme behandelt haben. Du wirst feststellen, wie vollkommen ihre Gedanken sind, welche Wege der revolutionären Erneuerung sie aufzeigen, welch fortschrittlicher christlicher Geist darin herrscht aufgrund der Bibel, der göttlichen Gnade und der Beachtung der Zeichen der Zeit. Wie Papst Pius XII. sagte: „Wenn wir nur zwei Prozent dieser Lehren verwirklichen würden, wären Kirche und Welt völlig anders."

❍

Die Kirche gehört den Jungen, die Kirche gehört den Alten. Sie ist die Kirche der Intellektuellen wie die der Arbeiter, die Kirche der Armen und der Reichen, die Kirche der Afrikaner und der Asiaten, die Kirche der Frauen und der Männer. Sie gehört allen, sie nimmt alle an ohne Ansehen der Person. Sie diskriminiert keinen. Diskriminierung und Zwietracht finden keinen Platz in der Kirche.

❍

13

Der Glaube

Die Welt mit dem Licht des Glaubens erleuchten

Auf dem Weg der Hoffnung brauchst du einen Kompass, der dir in den dunkelsten und schwierigsten Momenten den Weg zeigt. Das ist der Glaube, den du von der Kirche am Tag deiner Taufe empfangen hast.

❍

Angesichts der verlockendsten Parolen der Verführung sowie der schrecklichsten Drohungen solltest du sagen: „Ich gehöre zu den Kindern der Kirche, ich folge dem Glauben, der mir den Weg zeigt, ich bin ein Nachfahre der Heiligen."

❍

Mit dem Glauben als sicherem Erbe kannst du zwischen dem Weg der Hoffnung, der für eine apostolische Seele bestimmt ist, und dem Weg der Welt, der nur zum Tod führt, unterscheiden.

❍

Viele sagen: „Ich habe den Glauben, mein Glaube ist noch lebendig." Wie oft handelt es sich dabei um den Glauben auf ihrem Taufschein. Denn nur wenige leben den Glauben.

❍

Deine Handlungen, deine Reaktionen genügen für den Erweis, ob dein Glaube lebendig ist oder nur auf dem Papier steht.

❍

Gott stellt eine äußerst einfache Bedingung: „Wenn euer Glaube auch nur so groß ist wie ein Senfkorn, dann werdet ihr zu diesem Berg sagen: Rück von hier nach dort! Und er wird wegrücken.“ Warum das? Weil nicht wir es sind, die diese Tat vollbringen, sondern Gott.

❍

Glauben, nicht an einen fernen Gott ohne Konturen, sondern glauben wie Petrus, der gesagt hat: „Du bist der Sohn des lebendigen Gottes“ oder wie Johannes: „Gott ist die Liebe“.

❍

Hab einen felsenfesten Glauben, dann kannst du alles vollbringen, denn jedes Mal, wenn der Herr ein Wunder wirkte, fragte er: „Glaubst du?“ „Dein Glaube hat dich geheilt.“

❍

Die Apostel haben in den Evangelien demütig über die Schwäche ihres Glaubens berichtet, damit unser Glaube stärker werde.

❍

Gib dich nie mit einem theoretischen und formalistischen Glauben zufrieden! Dein Glaube soll lebendig und aufrichtig, von Liebe und Treue erfüllt sein.

❍

Es gibt kein größeres Glück als das sichere Wissen, dass man zur Kirche gehört. Das heilt die Ängste des Geistes und erfüllt das Herz mit Hoffnung.

❍

Bete aufrichtig zu Gott, wie die Apostel es getan haben: „Herr, stärke unseren Glauben!“

❍

Glauben heißt: Jesus bedingungslos akzeptieren und entschlossen sein, mit ihm zu leben und zu sterben.

❍

Gott ist allmächtig und ewig. Wenn du an ihn glaubst, kannst du Außergewöhnliches vollbringen, wie Jesus es getan hat; ja du wirst noch größere Dinge vollbringen. Er hat es versprochen.

❍

Verstell dich nicht, um Gefahren und Schwierigkeiten zu entkommen. Erinnere dich an das Beispiel des Eleasar: „Wer so alt ist wie ich, soll sich nicht verstellen. Viele junge Leute könnten sonst glauben, Eleasar sei mit seinen neunzig Jahren noch zu der fremden Lebensart übergegangen. Wenn ich jetzt heucheln würde, um eine kurze Zeit länger zu leben, würde ich sie irreleiten, meinem Alter aber Schimpf und Schande bringen.“

❍

Niemand zwingt dich, Gott zu verleugnen, möglicherweise aber dazu, gegen den Willen und die Weisungen Gottes zu handeln, um angeblich „den

Glauben zu bewahren“. Welcher Widerspruch! Dein Glaube wird den Tod erleiden gerade deswegen, weil du den Tod, die Schmerzen, die Drangsale fürchtest.

❍

Du musst tapfer sein, um täglich deinen Glauben zu leben. So tapfer, wie die heiligen Märtyrer waren, um dem Glauben treu zu bleiben.

❍

Für den Christen bedeutet glauben in erster Linie: das Heil, die Vergebung und zugleich die unendliche Liebe zu empfangen. Gott will dich nicht zum Lieben zwingen; in Wirklichkeit ist er es, von dem du dich grenzenlos lieben lassen sollst.

❍

Der christliche Gott ist erhaben, nicht weil er „allmächtig“, sondern weil er „allliebend“ ist. Seine absolute Erhabenheit liegt in seiner „absoluten Liebe“.

❍

Die Heilsgeschichte ist keine durchorganisierte Veranstaltung, sondern ein Mysterium, das Mysterium des Todes und der Auferstehung Jesu.

❍

14

Das Apostolat

Ein Apostel setzt das Leben Jesu fort

Apostel sein, bedeutet: wie die Apostel handeln. Wenn du die Apostelgeschichte nicht aufmerksam liest und immer wieder bedenkst, dann kannst du kein überzeugender Apostel sein.

❍

Die Christen der frühen Kirche schrieben in ihrer bildhaften Sprache: Der Apostel trägt Christus in seinem Herzen, in seinem Gesicht, auf seinen Händen, in seinem Geist, auf seinen Schultern. Kurzum, er ist von Christus voll und ganz erfüllt und schenkt ihn den anderen.

❍

Apostolische Arbeit bedeutet die Heiligung des Milieus durch Christen aus diesem Milieu: Arbeiter sind Apostel für Arbeiter, Schüler Apostel für Schüler, Soldaten für Soldaten.

❍

Die Hölle freut sich mehr über den Fall eines Apostels als den einer ganzen Gruppe. Betet füreinander und unterstützt einander.

❍

Gute Taten an sich machen noch keinen Apostel.

Apostel ist der, der sie als eine ihm vom Herrn zugewiesene Sendung ausführt.

❍

Neue Zeiten, neue Bedürfnisse, neue Methoden. „Ich bleibe bei euch alle Tage." Der Herr schenkt der Kirche immer wieder ein neues Pfingstfest.

❍

Engagiere dich von ganzem Herzen und mit deiner ganzen Kraft. Doch lerne deine Arbeit mit anderen zu teilen und mit denjenigen zusammenzuarbeiten, die weniger fähig sind als du. Beanspruche nicht das Monopol für alles, oder denkst du etwa, erst mit deinem Einsatz beginne die Schöpfung von Himmel und Erde?

❍

Oft ist es so, dass Dinge, die du zu verwirklichen wünschst aber nicht verwirklichen kannst, Gott mehr gefallen und größeres Verdienst bedeuten als all deine tatsächlich erzielten Ergebnisse, auf die du stolz bist.

❍

Lass dich nicht von Schwierigkeiten entmutigen. Frag dich dabei: „Ist es Gottes Arbeit oder meine eigene? Ist Gott oder bin ich am Werk?"

❍

Bevor du dich über den einen oder den anderen beschwerst, frag dich selber: „Hat mein Salz noch seinen Geschmack? Ist meine Licht noch hell?"

❍

Du musst deine Mitarbeiter auswählen. Aber vermeide Kritik, Misstrauen und Verachtung. Die Apostel, die Jesus für den Aufbau der Kirche ausgewählt hat, waren auch voller Schwächen. Es genügte ihm, dass sie aufgeschlossen und unkompliziert waren und dass sie ihm mit Treue folgten.

❍

Je mehr du dein „Ich“ herausstellst, desto mehr Misserfolg erntet deine apostolische Arbeit. Je mehr du dich selbst zurücknimmst, desto größer wird der Erfolg deiner apostolischen Arbeit.

❍

Sei bereit, auf die Bequemlichkeiten zu verzichten, die einem echten Apostolat nicht entsprechen. Erfinde nicht Bedürfnisse, die nicht notwendig sind.

❍

Dies solltest du vermeiden: viel sprechen, wenig tun; viel Zeit den Aktionen widmen und wenig dem Gebet; großzügig sein im Nehmen, geizig im Geben; tolerant sein gegenüber sich selbst, unnachgiebig gegenüber den andern.

❍

Dein apostolisches Feuer muss auf andere Apostelgenerationen übergehen, damit die Welt von der Dunkelheit in die Fülle strahlenden Lichtes gelangt. Sei ein Apostel für Apostel.

❍

Niemand darf die Sache Gottes als sein Monopol betrachten. Als die Apostel sich beim Herrn beschwerten: „Herr, es gibt Leute, die nicht zu uns gehören und dennoch in deinem Namen Dämonen austreiben“, antwortete der Herr: „Wer nicht gegen mich ist, ist für mich.“

❍

Du bist erstaunt und ungehalten, weil andere Apostel ihre Arbeit nicht in derselben Weise tun wie du. Sicher bedarf es der Einheit, aber einer mannigfaltigen Einheit. Denk an das Pauluswort: „Auf jede Weise, ob in unlauterer oder lauterer Absicht, wird Christus verkündigt, und darüber freue ich mich.“

❍

Kein Heiliger ähnelt dem anderen, so wie kein Stern am Himmel dem anderen gleicht. Doch es gibt einen Punkt, wo alle Heiligen einander ähnlich sind: sie alle stellen uns das Leben Jesu wieder vor Augen.

❍

Für das Apostolat sind die Auswahl und die Ausbildung der engagierten Kämpfer äußerst wichtig. Ein hervorragender Führer hat einmal gesagt: „Gebt mir nur dreihundert tüchtige Soldaten und ich werde bis zu meinem Tode an der Macht bleiben.“ Jesus hat zwölf Apostel auserwählt, um bis zur Endzeit fortzuwirken.

❍

Du brauchst kein bestimmtes Amt oder eine gewisse Position, um apostolische Arbeit zu leisten. Sei nicht um deine oder anderer Position besorgt. Arbeitest du für Gott oder wegen einer Stellung? „Den Platz zu meiner Rechten und zu meiner Linken habe nicht ich zu vergeben; dort werden die sitzen, für die mein Vater diese Plätze bestimmt hat."

❍

Der Apostel kann von heute auf morgen eine Position gegen eine andere eintauschen und spürt dabei keinen Verlust, sondern kennt nur eine Berufung: „Der Menschensohn ist nicht gekommen, um sich bedienen zu lassen, sondern um zu dienen." Man kann an jedem Ort heilig werden.

❍

Du bist untröstlich wegen des Verlustes einer Position, oder weil du nicht „an den richtigen Platz" gestellt wirst. Bist du etwa ein Händler, der Gewinn und Verlust berechnet, dass der Verlust dich so traurig macht?

❍

Eine apostolische Verantwortung annehmen heißt: zum Märtyrertod bereit sein, durch alle Menschen, an allen Orten, auf die verschiedenste Weise, und das mit der ganzen Liebe und Beständigkeit wie Petrus und Johannes: „Sie aber gingen weg vom Hohen Rat und freuten sich, dass sie gewürdigt worden waren, für seinen Namen Schmach zu erleiden."

❍

Der heimtückischste Feind des Apostolats ist der „innere Feind". Judas war es, der den Herrn verraten hat.

❍

Der schlimmste Feind eines apostolischen Lebens ist nicht der Feind, der von außen kommt, der offen gegen dich opponiert, sondern der „innere Feind“: du selbst kannst ein Doppelagent werden, der für beide Seiten, Gott und Satan, arbeitet.

❍

Ein Mann mit apostolischem Geist respektiert seinen Vorgesetzten, auch wenn er seinen Weisungen widerspricht. In Anwesenheit von Dritten verhält er sich nie respektlos gegenüber Vorgesetzten. Unverzeihlich sind Ungehorsam und Doppelzüngigkeit.

❍

Wenn du Überheblichkeit an den Tag legst, werden dich alle anderen meiden. Denn niemand hält dich für fähig, alles anstelle des Heiligen Geistes zu erledigen.

❍

Was nützt es, wenn du überall eifrig schaltest und waltest und dabei die Liebe nicht besitzt? Es ist, als würdest du farbenprächtige Laternen kaufen und sie überall im Dorf aufhängen lassen, ohne für einen Stromerzeuger zu sorgen. Die Nacht bricht herein und alles bleibt stockdunkel. Dann wird das ganze Dorf feststellen: Deine Laternen sind billiger Schmuck und können das Dorf nicht beleuchten.

❍

Daran, dass du beschimpft, eingekerkert, von Stadt zu Stadt weggejagt wirst, zeigt sich, dass Gott dich liebt, dass er dich wirklich zu seinem Apostel auserkoren hat (vgl. Joh 15,19-20).

❍

Das Ziel der apostolischen Arbeit ist, Menschen zur Kirche hinzuführen, nicht jedoch, verschiedene Kirchen für diese und jene Gruppen, für diese und jene Orden zu gründen. Solche Zersplitterungen kann man zwar noch nicht als Schisma oder Ketzerei bezeichnen, sie verursachen aber große Verwirrung im kirchlichen Leben.

❍

„Apostolat durch Leiden“: durch das Opfer im stillen, auch ohne Predigt und ohne Aktion, rettet man viele Seelen; wie Jesus in seiner Agonie am Kreuz, wie die Mutter Gottes in der Agonie ihrer Seele am Fuße des Kreuzes.

❍

„Apostolat durch Opfer und Schweigen“: wie das Korn, das, tief in der Erde begraben, völlig zerstört wird, um Tausende seinesgleichen hervorzubringen, Nahrung für die Menschheit.

❍

„Apostolat durch Zeugnis“: Bloße Beteuerungen, seien sie noch so prägnant und überzeugend formuliert, können nicht überzeugen. Das lebendige Zeugnis ist überzeugender. Durch Fotos und durch Tonbandaufnahmen werden die Leute beeindruckt. Doch wenn jemand aus Fleisch und Blut durch seine Lebensführung, ja wenn eine Reihe von Menschen, eine Reihe von Familien durch ihre gelebte Treue zum gleichen Ideal Zeugnis ablegen, so ist deren Überzeugungskraft unvergleichlich größer.

❍

„Apostolat durch persönlichen Kontakt“: „Brannte uns nicht das Herz in der Brust, als er unterwegs mit uns redete und uns den Sinn der Schrift erschloss?“ (Lk 24,23) Denkst du nicht, dass jede deiner Begegnungen eine apostolische Handlung sein sollte?

❍

„Apostolat durch Weitergabe von guten Gedanken“: einem verwirrten und von Zweifel gequälten Freund Halt geben, ihm eine Perspektive öffnen, die ihn seine Fähigkeit und seine Berufung klar erkennen lässt; einem Leben, das sich am Rande des Abgrundes befindet, Hoffnung zurückgeben. Die Presse wird weniger Fälle von Selbstmord zu berichten haben, wenn es solche Apostel gibt.

❍

„Apostolat bei Tisch“: Eine Mahlzeit ist ein gewöhnliches Ereignis des Alltags. Doch als der Herr mit Magdalena oder Simon oder mit Zachäus zu Tisch saß, welcher Unterschied zu unseren Mahlzeiten! „Heute ist diesem Hause das Heil zuteil geworden.“ (Lk 19,9)

❍

Glaubst du nicht, dass Briefeschreiben auch ein Apostolat sein kann? Paulus saß im Gefängnis und hatte keine Druckmaschine zur Verfügung, schrieb aber Briefe an eine christliche Gemeinde und diese Gemeinde schrieb die Briefe ab und übergab sie einer anderen Gemeinde. Auf diese Weise hat Paulus den Glauben der beginnenden Kirche gehütet und ihm zur Entfaltung verholfen. Leg deine ganze Liebe in das Kuvert hinein, verschließe es und schick es auf den Weg.

❍

Das Apostolat durch Frauen ist sehr wirksam: Denk an Maria und Salome, die dem Herrn folgten und ihm halfen. Auch Paulus schreibt öfters von weiblichen Aposteln (Röm 16,12).

❍

Auch Kinder waren seit den frühesten Zeiten tapfere Apostel: Tarcisius brachte den Herrn zu vielen Menschen. Präge dir das Wort des Herrn ein: „Achtet die Kinder nicht gering“ (vgl. Mk 10,14).

❍

Nicht erst seit dem Kampf heutiger Feministinnen haben Frauen ihren Platz in der Kirche erhalten. Die Apostel haben Frauen hochgeschätzt und gut eingesetzt. Warum ist man heute so rückständig? Paulus schrieb: „Ich empfehle euch unsere Schwester Phöbe, die Dienerin der Gemeinde von Kenchräa.“(Röm 16,1) oder „Grüßt Tryphäna und Tryphosa, die für den Herrn viel Mühe auf sich nehmen. Grüßt die liebe Persis; sie hat für den Herrn große Mühe auf sich genommen. Grüßt Rufus, der vom Herrn auserwählt ist; grüßt seine Mutter, die auch mir zur Mutter geworden ist.“ (Röm 16,12-13)

❍

Zweifle nicht an dir selbst und an anderen: Petrus war ein einfacher Fischer, Matthäus ein Steuerbeamter und beide wurden gute Apostel. „Folgt mir, ich werde aus euch Menschenfischer machen“ (Mt 4,19). Was du nicht selbst vollbringen kannst, kann ich.

❍

Dein Herz muss weit genug sein, um das ganze Evangelisationsprogramm der Kirche zu umfassen und in seinem Rhythmus zu schlagen.

❍

In früheren Zeiten riskierten überall, wo es Pfeffer und Goldminen gab, Menschen ihr Leben, um dorthin zu kommen. Heute zerstören Völker sich gegenseitig, um an Eisen, Kupfer, Phosphat, Uran zu gelangen. Wer aber wünscht dorthin zu gehen, wo es „nur Seelen“ gibt?

❍

Wenn du zu Laien sagst, dass sie die besondere Gnade des Heiligen Geistes besitzen, denkt manch einer, du machst dich über sie lustig. Wenn du sagst, Laien haben am priesterlichen, prophetischen und königlichen Amt teil, hält dich mancher für einen Protestanten! Wie viele Laien sind sich dessen bewusst, dass sie von Gott berufen sind, dass Gott sie braucht? Und wie viele sind stolz darauf und dankbar dafür, dass sie durch die Taufe zu Kindern Gottes und durch die Firmung zu Gottes Zeugen geworden sind?

❍

Dies ist die Stunde der Laien. Solange es uns nicht gelingt, die ganze Kraft des Volkes Gottes zu mobilisieren, damit es sich seiner Sendung bewusst wird und danach handelt, solange wird unsere Gesellschaft nicht wirklich vom Evangelium durchtränkt.

❍

Der Schlüssel zum erfolgreichen Apostolat in unserer Zeit: der Laie als Apostel.

❍

So wie es keinen Priester gibt, der nicht aus einem Priesterseminar hervorgeht, so gibt es keinen Laienapostel ohne Ausbildung. Das musst du dir einprägen.

❍

Wenn du in jeder Pfarrei nur fünf echte „Streiter" ausbildest, werden sie von deinen Nachfolgern eingesetzt, und zwar für dreißig, vierzig Jahre als Mitarbeiter, die sich in jeder Situation bewähren.

Viele im Reich Gottes verborgene Kräfte bleiben unerkannt; wir versäumen es, sie zu entdecken und sie einzusetzen.

❍

Leg nicht zuviel Wert auf die Menge, auf große Zahlen. Überzeuge dich von der Notwendigkeit und Wirksamkeit von Führungsgruppen. Die Masse ist gestaltlos und ohne Ordnung; es genügt eine Kerngruppe, um die ganze Masse aufzurütteln und zu aktivieren. Dieser Aktionskreis ist die Seele, das Hirn und das Rückgrat des Ganzen.

❍

Untersuche die Laien-Organisationen: neue Zeiten, neue Lösungen, das ist die besondere Gnade unserer Epoche. Wie viele Laien werden dadurch ihr geistliches Leben zur vollen Entfaltung bringen. Die Päpste haben Jahrzehnte vor uns die Zeichen der Zeit wahrgenommen.

❍

Der Weg des Apostolats in unserer Zeit:
inmitten der Welt,
aber nicht von der Welt,
für die Welt,
mit den Mitteln der Welt.

❍

Als Glieder des mystischen Leibes sind wir zugleich das Hirn, das denkt, die Augen, die die Realitäten der Welt wahrnehmen; die Ohren, die die Klagen und die Forderungen hören; die Schultern, die die Lasten tragen; die Hände, die helfen und retten; die Füße, die zu den Leidenden kommen; das Herz, das sorgende Liebe empfindet; der Mund, der tröstende Worte der Nächstenliebe ausspricht. Den Laienaposteln verdankt die Kirche ihre Präsenz in der Welt von heute.

❍

Man nimmt zwar die bescheidene Anwesenheit und die stillen Aktivitäten der Apostel nicht wahr. Aber bei ihrer Abwesenheit spürt man sofort die sich ausbreitende Kälte und Leere. Niemand beachtet und schätzt das Meeressalz, das Licht und die Luft. Doch ohne sie geht sofort jedes Leben auf der Erde zugrunde. Niemand nimmt die rotierende Bewegung der Erde wahr, doch würde sie sich nicht mehr drehen, wären wir vernichtet.

❍

15

Die Heilige Eucharistie

Die Kirche lebt und wächst aus der Eucharistie. Die Eucharistie formt die Christen und baut die Kirche auf. Die Kirche feiert die Eucharistie, bis der Herr kommt in Herrlichkeit.

❍

Die Nichtchristen wundern sich: „Jeden Tag wiederholt der Priester dasselbe. Warum kommen die Katholiken in Scharen zu ihm ohne Unterlass?“ Es ist zum Teil richtig, was sie sagen, denn wo und durch wen auch immer die heilige Messe gefeiert wird: sie ist die Vergegenwärtigung des Opfergangs auf Golgota. Sie übt eine große Anziehungskraft aus, weil nicht der Priester, sondern Jesus Christus selber die Messe zelebriert.

❍

Einige Leute nehmen sich vor, nur dann der Eucharistiefeier beizuwohnen, wenn sie sich in frommer Stimmung befinden, denn nur dann sei man Gott gegenüber aufrichtig. Nein, sie täuschen sich. Die Mitfeier der heiligen Messe ist keine Angelegenheit der Stimmung, der persönlichen Befriedigung.

❍

Wenn du den Wert der heiligen Messe richtig einschätzt, wirst du sie mitfeiern, wie weit auch der Weg und wie schwierig die Umstände sein mögen. Je größer das Opfer ist, das dir abverlangt wird, desto mehr zeigst du, dass du Gott liebst.

❍

Hast du je festgestellt, dass Leute, die ihre Zeit für die heilige Messe „verlieren“, ärmer als andere geworden sind?

❍

Die Menschen wohnen der Messe bei, aber mit ganz unterschiedlicher Gesinnung. Betrachte einmal die Gruppen von Menschen, die sich um das Kreuz versammelten.

❍

Du fragst dich: „Was ist Gott am wohlgefälligsten?“ Feiere eine heilige Messe mit, denn es gibt kein Gebet, keine liturgische Feier, keine Zeremonie, die das Gebet und das Opfer Jesu am Kreuz aufwiegen.

❍

Ein heiliger Mensch ist jemand, der die heilige Messe den ganzen Tag hindurch fortsetzt.

❍

Man kann stundenlang plaudern, man genießt Essen und Trinken ohne Ende, man wird vom nächtelangen Kartenspielen nicht müde; warum hat man es so eilig bei der heiligen Messe?

❍

„Der schönste Tabernakel, die glänzendste Monstranz, der prachtvollste Leuchter, die großartigste Kirche ist der Priester. „Wirkt ein lauer Priester in einer Basilika, wird niemand zu ihm kommen. Wirkt aber ein heiliger Priester in einer armseligen Kapelle an einem entfernten Ort, wird jeder zu ihm eilen“ (Pater Chevrier).

❍

Die Liebe zur heiligen Messe kennzeichnet eine heilige Familie.

❍

„Um eine heilige Messe zu zelebrieren, hätte man eine Ewigkeit für die Vorbereitung und eine Ewigkeit für die Danksagung nötig“ (Pfarrer von Ars).

❍

Der Priester zelebriert die Messe mit Jesus. Mit Jesus opfert er sich selbst und gibt sich hin für alle. Er schenkt sich gänzlich.

❍

Das ganze Leben Jesu war ausgerichtet auf Golgota, dein ganzes Leben sei ausgerichtet auf die heilige Eucharistie.

❍

Jedes Mal, wenn du die Messe zelebrierst, streckst du deine Hände aus, um mit Christus ans Kreuz geheftet zu werden; du trinkst mit ihm den Kelch der Bitterkeit. Bei der Messe gibt es keinen Platz für bloße Zuschauer.

❍

Ich liebe die literarisch anspruchlose Bezeichnung in unserer Sprache: „lam le“, die wörtlich heißt: die Messe „machen“. Alle vereinigen sich mit Christus, um ununterbrochen die Messe zu „machen“.

❍

Willst du Gott preisen? Feiere die heilige Messe mit.

Willst du Gott danksagen? Feiere die heilige Messe mit.

Willst du Gott um etwas bitten? Feiere die heilige Messe mit.

Willst du Gott lieben? Feiere die heilige Messe mit.

Willst du die Menschheit retten? Feiere die heilige Messe mit.

Das alles hat Jesus bei seinem Opfer getan.

❍

Die Lampe brennt nicht mehr, wenn das Öl zu Ende ist. Das Fahrzeug fährt nicht mehr, wenn der Tank leer ist.

Der apostolische Geist ist der Zersetzung ausgeliefert, wenn man nicht zur heiligen Eucharistie kommt: „Wer mein Fleisch isst und mein Blut trinkt, hat das ewige Leben, und ich werde ihn auferwecken am letzten Tag.“

❍

Die Sonne leuchtet und strömt ihr Licht aus. Die heilige Eucharistie ist das Leben und die Quelle, aus der das geistliche Leben und die Eintracht unter den Völkern entspringen. „Das Brot, das ich geben werde, ist mein Fleisch für das Leben der Welt. Da stritten sich die Juden und sagten: Wie kann er uns sein Fleisch zu essen geben? Jesus sagte zu ihnen: Amen, Amen, das sage ich euch: wenn ihr das Fleisch des Menschensohnes nicht esst und sein Blut nicht trinkt, habt ihr das Leben nicht in euch“ (Joh 6,51-53).

❍

Durch die heilige Eucharistie werden wir mit dem mystischen Leibe vereinigt. Die Messe zu zelebrieren oder sie mitzufeiern, ohne zu lieben, ist ein ungeheurer Widerspruch.

❍

Auch wenn dir alles fehlt und du alles verloren hast, dabei aber noch die heilige Eucharistie behältst, dann hast du alles behalten, weil du den Herrn des Himmels auf Erden hast.

❍

Wo immer du bist, ob in der Einsamkeit eines entfernten Gebirges, ob in der Finsternis des Gefängnisses, richte deinen Geist auf die Altäre in der ganzen Welt, auf denen Jesus sein Opfer darbringt. Im Geiste zelebrierst du die heilige Messe und empfängst die heilige Eucharistie. Dein Herz wird dann überreich von Trost und Mut erfüllt.

❍

Die heilige Messe zelebrieren und die heilige Eucharistie empfangen zu dürfen, ist ein unerschöpliches Thema für die Meditation. Wie könnte dieses Thema dich kalt lassen?

❍

Der „Sonntags-Christ“ wird nicht genug Kraft haben, um die heutige materialistische Welt zu reformieren. Das Leben aus der heiligen Eucharistie gibt dir den Schlüssel dazu, Gott der Welt zu bringen und die Welt zu Gott zu führen.

❍

Jesus hat seine Revolution am Kreuz vollbracht. Deine „Revolution“ muss am Altar beginnen, um die Revolution des Herrn fortzusetzen und so eine neue Menschheit zu schaffen.

❍

Wie der Wassertropfen sich mit dem Wein vermischt, so geht dein Leben in Christus ein.

❍

Dein ganzes Leben muss den Tod des Herrn verkünden und für seine Auferstehung Zeugnis ablegen.

❍

Jesus ist das Haupt. Er bringt sein Opfer nur zusammen mit seinem mystischen Leib der Kirche dar. „Zusammen mit dem Heiligen Vater ... mit unserem Bischof ...“ Ohne diese Communio wäre die Messe sinnlos, ja sinnwidrig.

❍

Die heilige Messe schenkt dir die Sicht der Kirche und die Teilhabe an ihrem Leben: Du hörst mit ihr die Worte des Heilands, der Propheten und der Apostel, du bist mit dem Heiligen Vater verbunden, mit dem Bischof, mit der ganzen kirchlichen Hierarchie, mit den Priestern und Ordensleuten, mit dem gesamten Volk Gottes, mit den Heiligen, mit den Verstorbenen, kurzum mit allen Gliedern der Kirche, die um die Mutter Gottes Maria versammelt sind. Wir alle bringen in und mit Jesus der heiligsten Dreifaltigkeit allen Ruhm und alle Ehre dar, in Erwartung des begnadeten Tages der Wiederkunft des Herrn in Herrlichkeit. Welch ein Glück und was für eine Hoffnung!

❍

Dein Leben ist eine heilige Messe: ob du in Reue das „Confiteor – Ich bekenne" oder in inniger Liebe das „Vaterunser" betest oder in Freude das „Gloria" und das „Halleluja" singst, in all diesen Momenten hörst du nicht auf, das zu tun, was im Gebetstext der Messliturgie ausgedrückt ist: „Bringen wir Gott unser Opfer dar", „Lasset uns beten", „Ich glaube an Gott, den Vater...", „Miteinander vereinigt durch den Heiligen Geist", „Verbunden mit der Kirche des Herrn auf der ganzen Welt".

❍

Wenn du deinen Glauben stärken willst, musst du dich von der heiligen Eucharistie nähren, denn sie enthält „das Geheimnis des Glaubens" und verleiht dir Glaubensstärke.

❍

Der Seminarist wird mit liebevoller Fürsorge ausgebildet, damit er wie ein goldenes Korn ausreift, das bereit ist, zu Mehl vermahlen zu werden, aus dem das Brot der heiligen Eucharistie gemacht wird, um das Volk Gottes zu nähren.

❍

Jeden Tag sollte die Messe ein hohes Fest, ein feierliches Hochamt sein. Mögest du jeden Tag feierlicher, inbrünstiger zelebrieren bis zu deiner letzten Messe.

❍

Jedes Mal, wenn du den Christen die heilige Eucharistie, den Leib Christi, austeilst, sollst du das Bewusstsein haben, dass zusammen mit dem Fleisch und Blut Christi du auch dein Leben hergibst, das heißt deine Zeit, deine Gesundheit, deine Fähigkeiten, dein ganzes Vermögen, mit anderen Worten, dein Fleisch und Blut als Nahrung für die vielen und jeden einzelnen ohne Unterschied.

❍

Bring dich selbst jeden Tag mit Jesus zum Opfer dar und sei jederzeit bereit, für deine Brüder ausgeliefert zu werden und dein Blut zu vergießen für den Loskauf der vielen.

❍

Jeden Tag, wenn du die Worte der Konsekration hörst oder selber betest, erneuere mit ganzem Herzen:

den Neuen und Ewigen Bund

zwischen Jesus und dir

durch die Verbindung deines Blutes mit dem Blut des Herrn.

❍

Die heilige Eucharistie offenbart dem menschlichen Verstand das Mysterium vom Reich Gottes, das noch kommen wird. Sie sammelt das Volk Gottes in dieses

Mysterium. In unserer Zeit stützt sich der Glaube auf das Mysterium vom Reich Gottes. Der Glaube eines Katholiken, der sein Leben ohne die heilige Eucharistie gestaltet, kann keinen Bestand haben.

❍

Dein Leben konzentriert sich auf einen Wunsch, und dieser Wunsch wird zum Mittelpunkt, der deinen Geist und deine Handlungen vollständig beherrscht und lenkt: die heilige Eucharistie; so hegte Jesus sein Leben lang den Wunsch, das Paschamahl zu essen.

❍

Weiß, gelb, grün, rot, violett, schwarz: die Farben der Messgewänder wechseln sich ab, die heilige Messe bleibt aber immer eine und dieselbe. Dein Leben besteht aus vielen Ereignissen: Freude, Hoffnung, Märtyrertum, Trauer, aber gleich wo, gleich wann, dein Opfergang vollzieht sich stets „durch Ihn, mit Ihm und in Ihm“.

❍

Im normalen Alltag erscheinst du in deinem Priestergewand wie ein „Engel der Nächstenliebe“, ja als ein Zeichen der Gegenwart Gottes. Was aber wird aus diesem Zeugnis und aus deinem Verkündigungsauftrag, wenn du jetzt ohne Priesterkleidung, ohne jegliches Kennzeichen genauso wie alle anderen erscheinst? Hab keine Sorge, denn wie du dich auch kleidest, jeder wird in dir einen Jünger des Herrn erkennen, wenn du deine Brüder liebst.

Wenn du hingegen nicht wirklich liebst, wenn dich Hintergedanken beherrschen, wird man dir mit Zweifeln begegnen trotz deines Priestergewandes und trotz noch so wortreicher Beteuerungen.

❍

Der Herr sagt: „Wo zwei oder drei in meinem Namen versammelt sind, da bin ich mitten unter ihnen." „Ich bin bei euch alle Tage bis zum Ende der Welt." „Tut dies zu meinem Gedächtnis."

Vermeide zwei extreme Einstellungen: entweder übertriebene Sorge darüber, dass Gott kein Zuhause hat, oder Kritik am Bau von Gotteshäusern.

Freu dich im Gegenteil darüber, dass Gott keine materiellen Bedingungen stellt; diese werden vom engstirnigen Geist der Menschen erfunden.

❍

Wenn man Priestern und Ordensleuten nicht mehr mit Hochachtung begegnet, wenn also deine Berufung zu einem Gott geweihten Leben größere Anstrengungen und Schwierigkeiten und mehr Entbehrungen fordert, so freu dich darüber. Noch nie vorher sind deine Berufung und deine Mission dir so erhaben, so schön und rein vorgekommen; noch nie zuvor hat das Bildnis Gottes in dir so hell geleuchtet.

Hab Vertrauen: alle Dinge wirst du zu dir emporziehen, wenn man dich zusammen mit dem Herrn ans Kreuz erhöht.

❍

Denk nicht, dass dein Leben der Hingabe keinen Sinn hat, wenn du nicht mehr in der Gemeinde lebst, wenn du nicht mehr in der Lage bist, die Nächstenliebe auszuüben und erzieherische und caritative Arbeit zu leisten.

Was hat der Herr denn am Kreuz getan? Was tut er im Tabernakel? Einfach da sein, beten, sich opfern. Warum soll das keinen Sinn haben? Gerade dadurch wurde er der Erlöser der Menschheit.

❍

Wenn es dir nicht gegönnt ist, gewisse Mittel zu benutzen wie Presse, Schule, Rundfunk, Fernsehen, Redeforen, schön ausgestattete Kirchen, um der Welt Christus zu bringen, beschwer dich nicht.

Wenn Gott dir alle Mittel wegnimmt, glaube nur, dass keines notwendig war.

Überall kannst du nach dem Beispiel der Mutter Gottes die Anwesenheit des Herrn bezeugen.

Ja! Vergiss unsere Mutter Maria nicht!

❍

Die Kirche ordnet an, die Profess der Ordensleute in die Feier der heiligen Messe einzufügen. Sie will dir dadurch bewusst machen, dass du zusammen mit Christus dein Leben als Opfer auf dem Altar darbringst. Bei jeder heiligen Messe erneuere deine Versprechen von ganzem Herzen als einen „Neuen und Ewigen Bund“.

❍

Man könnte sämtliche Kirchen auf Erden zerstören, doch überall, wo noch ein Priester überlebt, wird auch die heilige Messe gefeiert werden, und wird der Leib Christi gegenwärtig sein.

Man könnte sogar alle Priester vernichten, aber überall, wo zwei oder drei Menschen sich im Namen des Herrn versammeln, dort wird mitten unter ihnen der Herr sein.

Sehr liebe Schwestern,

Heute komme ich zurück in dieses Haus, nach den sechszehn Jahren. Viele Mütter und Schwestern die Ich kenne, sind tot. Ich denke an Sie und bete für Sie. Ich grüsse sie liebstens.

Ich sehe jetzt die Mutter und auch Schwestern die Ich kenne wann war Ich in dem Sankt Josef Haus, Fischenich .... Sie lieben mich als einer von ihre Familie und Sie haben gebetet für mich in dreizehn Jahren von meinem Gefängnis. Ich danke Sie alle. Wir treffen uns hier, das ist ein Wunder! Unsere Mutter Maria und Heiliger Josef haben schützt mich von viele Gefahren. Ich berichte Euch meine Ehrfarüngen:

1. Leben sie das präsenz mit dem vollen Lieben vom Gott
2. Lieben Sie alle, wie Jesus Christus liebte uns alle.
3. In den Momenten Ich sehe Jesus Christus in dem Kreuze Er nicht predigen - Er machte kein Wunder; Er war unbeweglich, aber Er machte das grösste Werk in seinem Leben - i.e. er anbietet Aufopferung, um die Menschen zu erlösen.

Neben "Krippe" vom Jesus Christus, beten Wir zu Maria und heilige Josef, um die Liebe vom Jesus-Kind zu verstehen und diese Liebe an die Anderen zu bringen.

An Sie alle eine Frohe WeihNachten, ein schön neues Jahr, um den Willen Gottes zu tun.

Longerich, 28 dezember 1990

Erzbishof Francis Chuan
+ Chuán

Brief von François-Xavier Nguyên van Thuân an den Konvent der Cellittinnen von Köln:

Sehr liebe Schwestern,

Heute komme ich zurück in dieses Haus, nach den sechszehn Jahren. Viele Mütter und Schwestern die Ich kenne, sind tot. Ich denke an Sie und bete für Sie. Ich grüsse sie liebstens.

Ich sehe jetzt die Mutter und auch Schwestern die Ich kenne wann war Ich in dem Sankt Josef Haus, Fischenich… Sie lieben mich als einen von ihre Familie und Sie haben gebetet für mich in dreizehn Jahren von meinem Gefängnis. Ich <u>danke</u> Sie alle. Wir treffen uns hier, das ist ein Wunder! Unsere Mutter Maria und Heiliger Josef haben Schützt mich von vielen Gafahren. Ich berichte Euch meine Erfahrungen:

1. *Leben Sie das präsens mit dem vollen Lieben vom Gott*
2. *Liebe Sie alle, wie Jesus Christus liebte uns alle*
3. *In den Momenten Ich sehe Jesus Christus in dem Kreuze*

Er nicht predigen – Er macht kein Wunder; Er war unbeweglich, aber Er machte das grösste Welt in Seinem Leben – i.e. er anbietet Aufopferung, um die Menschen zu erlösen.

Neben „Krippe“ von Jesus Christus, beten wir zu Maria und heilige Josef, um die Liebe vom Jesus-Kind zu verstehen und diese Liebe an die Anderen zu bringen

An Sie alle eine Frohe WeihNachten ein schön neues Jahr, um den Willen Gottes zu tun.

Loncherich, 28 Dezember 1990
Erzbischof Francis Thuan
+ Thuan (seine Unterschrift)

Der junge Bischof van Thuân

Neupriester François-Xavier Ngnyên van Thuân

Als Seelsorger unterwegs

Nach der Bischofsweihe

Offizielles Gefangenen-Foto

In der Einzelhaft am Schreibtisch und an der Kochstelle

Unterwegs zu den Ärmsten

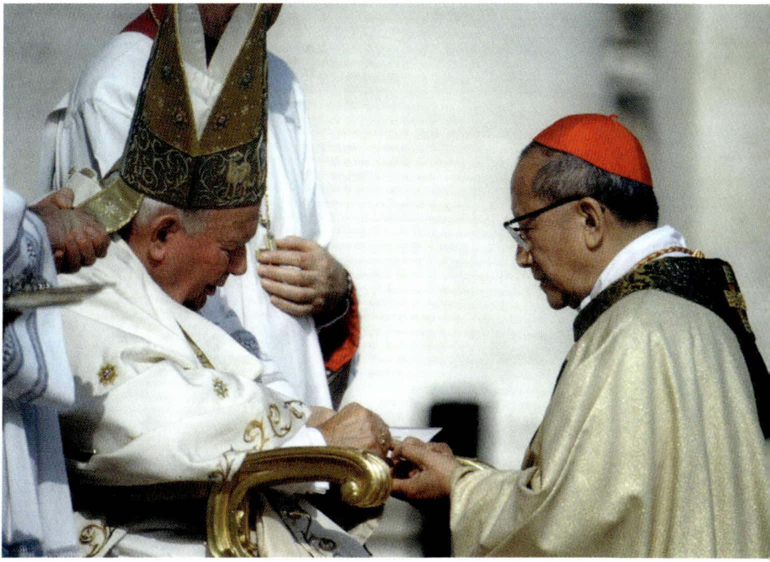

Papst Johannes Paul II. und der neu ernannte Kardinal

Gesuchter Referent

Bescheidener Präsident

Im Konvent der Cellittinnen von Köln

Mit Schwester Julitta

Letzter Abschied in Köln vor seinem Sterben

Am 90. Geburtstag der Mutter war der Vater 92 Jahre alt

Mutter und Sohn bei Papst Johannes Paul II.

Wappen von Kardinal van Thuân

Gemälde von der Erscheinung der Muttergottes von Vang 1798, größter Wallfahrtsort von Vietnam

Besuch iim Camp Vinh-Linh mit 8000 Flüchtlingen

+ 1.7.80

Meine liebe Schwester Julitta.

Ich sende Ihnen und alles Mitschwestern von Mutterhaus und Heilig Geist Krankenhaus ganz herzliche Wünsche und Grusse.

Ich bin allein, Messe lese allein ohne ute, Ich mache Küche fur mir 2 mals jede Tage. Könne ich kaufen 13 Kg jede Monatte (4 Reis und 9 Mehl).

Aber Ich habe gutt gesundheit und denke täglich an Sie. Ich hoffe wieder einmal besuch Ihnen in Köln!!

Sie Können senden mir gabe mit adresse als bevor (Vater Superior, 167 Argyle street, Kowloon, Hongkong). Vater Germain ist schon tot.

Ich denke immer an M. Priscilla. Ich bete fur schwestern M. Clarina. Wie geht es Ihnen? Sch. Norbertin und andere Schwestern?

Ich bin Erzbischof seit 1975, für das ich müsse tragen meine Kreuze.

Annehmen Ich alles mit freude und opferne Ich alles für die Kirche.

Habe Ich verlernt meine deutsche Sprache verzeihen Sie!

Beten Sie für mir, und Ich bete für Sie.

In Jesus Christus
Ihre Vater Franz
von Trochonich!

Brief von François-Xavier Nguyên van Thuân aus dem Gefängnis an Schwester Julitta, die damalige Generaloberin der Cellittinnen zur heiligen Maria in der Kupfergasse, Köln, die er vor seiner Verhaftung in ihrer Niederlassung in Fischenich bei Köln besucht hatte (vgl. Schluss des Briefes):

1.7.80

Meine liebe Schwester Julitta,

Ich sende Ihnen und alles Mitschwestern von Mutterhaus und Heilig Geist Krankenhaus ganz herzliche Wünsche und Grusse.

Ich bin allein, Messe lese allein ohne Leute. Ich mache Küche für mir 2 mals jede Tage. Könne ich kaufen 13 Kg jede Monate (4 Ries und 9 Mehl).

Aber Ich habe gutt gesundheit und Denke täglich an Sie. Ich hoffe vieder einmal besuch Ihnen in Köln!!

Sie Können senden mir gabe mit adresse als bevor (Vater Superior, 167 Argyle street, Kwloon, Honkong). Vater Germain ist Schon tot.

Ich denke immer an M. Priscilla. Ich bete für schwestern M. Clarina. Wie geht es Ihnen? Sch. Norbertin und andere Schwestern?

Ich bin Erzbischof seit 1975, für das ich müsse tragen meine Kreuze.
Annehmen Ich alles mit freude und opfere Ich alles für die Kirche.

Habe Ich verlernt meine deutsche Sprache. Verzeihen Sie!
Beten Sie für mich, und Ich viele für Sie.

In Jesus Christus
Ihre Vater Franz
von Fischenich!

(In Fischenich war die damalige Niederlassung der Cellittinen, deren Generaloberin Schwester Julitta war.)

16

Der Gehorsam

Das freudige Ja
ist das Kennzeichen einer heiligen Seele

Beim Ablegen deiner Gelübde hast du versprochen, deinen Vorgesetzten zu gehorchen, oder lautete dein Versprechen, dass „deine Vorgesetzten dir gehorchen?“

❍

Ein Mensch mit schwachem Charakter ist nicht Herr über seinen Willen wie ein Dompteur, der seiner Elefanten nicht mehr Herr wird. Der gehorsame Mensch bezwingt seinen Willen wie der Zirkus-Dompteur über die wilden Tiger gebietet.

❍

Eine disziplinierte Armee ist eine schlagkräftige Armee. Ein gehorsamer Apostel ist ein starker und mutiger Apostel.

❍

Je froher und rascher deine Seele gehorcht, desto näher kommt sie der Heiligkeit.

❍

Die Welt sagt, ein solcher Gehorsam sei verrückt. Gott sagt, dein Gehorsam um Gottes willen ist heldenhaft.

❍

Luzifer hat rebelliert und hört nicht auf, die Rebellion hier und dort innerhalb der Kirche anzuzetteln. Seine Devise ist: „Keine Unterwerfung!“

❍

Der Heiland hat eine Revolution vollzogen und Millionen von Menschen sind ihm gefolgt. Seine Devise dabei war: „Gehorsam bis zum Tode.“

❍

Gehorsam schließt ein: Initiative ergreifen, zu verstehen versuchen, gegenteilige Meinungen vorbringen, aufmerksam zuhören, Weisungen annehmen und intelligent ausführen.

❍

Es gibt Leute, die sich unterwerfen, doch nicht gehorchen, andere gehorchen, ohne sich zu unterwerfen. Andere wiederum gehorchen und unterwerfen sich, aber nur weil die Vorgesetzten ihnen genehm sind; schließlich gehorchen und unterwerfen sich Menschen aus Liebe zu Gott.

❍

Deine Vorgesetzten beauftragen dich mit einer schwierigen Aufgabe. Streng dich an und hab Vertrauen. Gibt es eine schwierigere Aufgabe, als die Welt mit zwei leeren Händen zu erobern? Die Apostel haben gehorcht und waren erfolgreich. Sei überzeugt, dass dieses Wunder sich täglich erneuert.

❍

Verlange nicht – um zu gehorchen –, dass deine Vorgesetzten beispielhaft sind. Du verlangst auch nicht vom Arzt, dass er gesund sei. Dein Gehorsam würde dann nur auf persönlicher Zuneigung beruhen und wäre keine echte Tugend.

❍

Ohne Gehorsam wirst du Gott nicht gefallen, auch wenn du großartige Werke vollbringst. Gott legt Wert nur auf deine Gesinnung und braucht deine Leistungen nicht. Er hat das ganze Universum ohne deine Hilfe geschaffen.

❍

Die Kirche befindet sich mitten in der Gesellschaft dieser Welt und braucht deshalb auch ein System von menschlichen Organisationen. Ein Akt des Ungehorsams kann die Gemeinschaft schmerzhaft beeinträchtigen, genauso wie beim Menschen die Störung einer Zelle oder eines Blutgefäßes dem ganzen Körper viele Schmerzen zufügen kann.

❍

Keuschheit bedeutet, der Begierde des Fleisches sterben.

Gehorsam bedeutet, dem Eigensinn sterben.

Weisungen zwar ausführen, aber unter Protest und Auflehnung, ist Überheblichkeit und nicht Gehorsam.

❍

Lerne dir selbst zu misstrauen. Lerne dich von erfahrenen Leuten beraten zu lassen. Lerne darauf vertrauen, dass Gottes Hand die Dinge mit Hilfe von vielen Menschen und Umständen bewerkstelligt.

❍

Gehorche in Schweigen; die Wahrheit wird dich befreien. Schweigen für fünf Jahre, zehn Jahre, ein ganzes Leben, Schweigen im Tod. Es genügt, dass Gott um dich weiß, und am Jüngsten Tag wird auch die ganze Menschheit wissen.

❍

„Gehorsam ist wertvoller als Opfer“, denn ein Opfer besteht aus Blumen und Früchten, aus Weihrauch, Tieren, Geld. Im Gehorsam aber bringst du dich selbst als Opfer dar, du lässt deinen Eigensinn und deine Eigenliebe zum Ganzopfer werden.

❍

17

Die Armut

Gott ist dein Erbe.
Genügt dir das nicht?

Dein Eigentum begräbt dich, wenn du es auf dich lädst. Es dient dir als Podium, wenn du auf ihm stehst.

❍

„Bleib arm, was das Haus angeht, das du bewohnst, die Kleider, die du anziehst, die Speisen, die du verzehrst, die Werkzeuge, die du benutzest, die Werke, die du vollbringst.“ (Pater Chevrier)

❍

Glücklich ist, wer wenig beansprucht, weil er sich begnügt mit dem, was er hat. Unglücklich ist, wer vieles braucht, weil er das Gefühl des Mangels nicht los wird.

❍

Wenn du auf das schaust, was dir fehlt, meinst du der unglücklichste Mensch zu sein. Schaust du aber auf deine Brüder, wirst du feststellen, dass es vielen Menschen schlechter geht.

❍

Nichts besitzen, aber viel begehren, ist nicht Armut.

Wenn du Besitztümer hast, dich aber nicht daran klammerst, dann kannst du wirklich „arm im Geist“ sein.

❍

Sei nicht großzügig mit fremdem Eigentum, sei nicht geizig mit deinem eigenen und sei nicht verschwenderisch mit dem Eigentum der Gemeinschaft.

❍

Man kann Armut verschieden empfinden: Armut als Erniedrigung in der Gesellschaft, Armut als hartes Schicksal, Armut als materielles Unglück, Armut als mühseliges Dasein.

Wenn du den Geist der Armut hast, akzeptiere die gesellschaftlichen Konsequenzen deiner Armut.

❍

Benutze Reichtümer mit Großzügigkeit, schätze sie mit Fingerspitzengefühl, trenn dich von ihnen mit tapferer Entschlossenheit. Denn sie gehören nicht dir, sondern wurden dir von Gott anvertraut zum Gebrauch im Bewusstsein, dass sie den Armen gehören.

❍

Überlasse unauffällig den anderen deinen bequemeren Platz und deine profitablere Arbeit. Das ist das Zeichen einer aufrichtigen Gesinnung von Armut.

❍

Du bist Gottes Verwalter; vertraut dir Gott viel an, verwaltest du viel, wenn wenig, dann wenig. Nimmt er seine Güter zurück, du bist damit zufrieden; aber du bist für das dir anvertraute Eigentum verantwortlich.

❍

Armut mit Neid, Armut mit Kritik, Armut mit Ressentiment, all das ist nicht die Armut des Evangeliums.

❍

Die Welt sieht nicht, dass du gehorsam bist; die Welt weiß nicht, dass du keusch bist; die Welt erkennt aber leicht, ob du wahrhaft ein Zeuge der Armut bist.

❍

„O Herr, gib, dass wir so arm sind, wie du!" Aber wie oft bittest du um das Gegenteil.

❍

Die Bezeichnung „Kirche der Armen" bedeutet nicht, dass die Kirche die Leute in Armut belässt, sondern dass sie sich bemühen soll, ihr Leben in jeder Hinsicht zu verbessern.

❍

Besitzen, als habe man nichts; verkaufen, als würde man nicht verkaufen; kaufen, als würde man nicht kaufen. Sich verhalten, als ob man nichts besäße und doch über alles verfügte; nichts verlangen, bereit sein, alles herzugeben. Das ist der Geist der Armut.

❍

Armut bedeutet nicht, dass man kein materielles Besitztum hat, das wäre Elend und Not. Armut besteht in erster Linie darin, nur das Notwendige zu haben. Eine Tasse Kaffee, ein Glas Bier ... vielleicht sind sie erkauft um eine Tasse Schweiß, ein Glas Tränen oder gar Blut, ein Zug aus der Zigarette um den Atemzug eines erschöpften namenlosen Arbeiters.

❍

Worin besteht zuerst die Armut? In der Arbeit! Darin kannst du deinen Trost finden, wenn du den Sinn der Müdigkeit in der täglichen Arbeit begreifst. Das ist auch dein Glück, wie der Herr es im Evangelium beschrieben hat: „Selig der Knecht, den der Herr beschäftigt findet, wenn er kommt." (Lk 12,43)

❍

Mit 15 Jahren kam das junge Mädchen Klara zum Kloster. „Was suchst du hier?" fragte sie der heilige Franziskus. „Ich suche Gott", antwortete Klara. Eine knappe und klare Antwort. Das war ihr ganzer Reichtum. Und sie wurde eine Heilige. Wie viele Menschen können wählen, wie Klara gewählt hat?

❍

18

Die Keuschheit

Schütze die Keuschheit.
Rüste dich mit dem Panzer des Gebetes und des Opfers.

„Selig, die ein reines Herz haben; denn sie werden Gott schauen.“ Nicht nur Priester und Ordensleute, sondern auch die Laien in der Welt sind gemäß ihrem Stand zur Keuschheit verpflichtet. In Keuschheit leben bedeutet nicht, eingeschränkt und gebunden zu sein, sondern mehr Freiheit gewinnen.

❍

Viele Leute sind keusche Engel, aber zugleich auch Teufel des Neids. Unglücklich jene Gemeinde, die es mit dieser Art von Engeln zu tun hat.

❍

Gott schenkt nur demütigen Seelen die Gnade der Keuschheit. Bete jeden Tag mit einfachem, aufrichtigem Herzen im Bewusstsein deiner Schwäche.

❍

Wer überheblich ist, wird früher oder später einen tiefen Fall erleiden. Er vertraut auf die eigene Kraft und nicht auf Gott.

❍

Die Presse setzt sich kämpferisch für den Schutz der Menschen- und bürgerlichen Rechte ein. Doch behandeln viele Massenmedien die Menschen wie Tiere, indem sie ihre tierischen Instinkte wecken und sie mit obszöner Nahrung vergiften. Wo bleiben die Menschenrechtskämpfer und ihre Organisationen? Auch sie investieren in solch vergiftender Presse und sind deren fleißige Leser!

❍

Den Teufel kann man austreiben. Die Welt kann man fliehen. Deinen Leib aber trägst du immer mit dir.

❍

Wenn du keusch sein willst, muss du Opfer bringen. Die Lilie ist makellos weiß, und die Pfirsichblüte ist prachtvoll, weil sie tiefe Wurzeln in die Erde schlagen, Regen und Sturm Widerstand leisten und die Eingriffe jener Hände erdulden, die sie zurechtstutzen.

❍

Ohne die Nächstenliebe hat die Keuschheit keinen Sinn. Aus welchem Grund willst du dich keusch bewahren? Weil du so egoistisch bist, dass du niemanden ertragen kannst? Weil niemand dich lieben kann? Oder weil du dein Herz rein und ungeteilt bewahren willst, um Gott und deine Nächsten vollkommener zu lieben? Nur dieses letztere Motiv ist lauter.

❍

Auch bei den Laien mitten in der Welt gibt es viele beispielhaft keusche Seelen. Du, der du ein Leben der Hingabe an Gott gewählt hast, solltest Bewunderung für sie empfinden und aus dieser Bewunderung Ermutigung zu mehr Vollkommenheit schöpfen.

❍

Viele junge Menschen können nur lachen, wenn sie von Keuschheit hören, die sie als eine prähistorische Legende betrachten. Sie selber aber legen Wert auf einen keuschen Partner. Und wenn er oder sie dieser Erwartung nicht entspricht, reagieren manche mit brutalen Eifersuchtsszenen oder gar Selbstmord.

❍

Ich bin vielen Menschen aus allen Bevölkerungsschichten verschiedener Länder begegnet, die unverheiratet und keusch und dabei glücklich leben. Ihr Geheimnis: ein Leben des Gebets.

❍

Priester und Ordensleute, die ihrer Berufung untreu werden, benennen viele Gründe dafür. Meist aber liegt der wahre Grund darin, dass sie, schon lange vor ihrer Gefühlsverwirrung, aufgehört hatten zu beten.

❍

Magdalena raffte sich auf und wurde eine Heilige. Und du, wann wirst du dich endlich entscheiden?

❍

Sag nicht, dass Wasser das Feuer nicht auslöschen kann. Das gilt nur, wo wenig Wasser und viel Feuer ist.

❍

Die Begierde des Fleisches ist der Feind, der in dir liegt und loszuschlagen bereit ist. Seine Waffen werden immer raffinierter: Presse, Kino, schlechte Freunde. Wenn du dich nicht rüstest: mit Gebet, Sakramenten, Opfern, wenn du nicht wachsam bleibst, nicht jeden Rebellionsversuch schon im Keime erstickst, sondern dem Angriff nachgibst und deine Verbündeten, das heißt die Heiligen und einen deiner wahren Freunde verlässt, dann wirst du angegriffen und tragische Niederlage erleiden.

❍

Im Übermaß essen und trinken, heißt dem Dämon der Unzucht Tür und Tor öffnen.

❍

Wie kann der Arzt einen Patienten heilen, wenn dieser starrsinnig behauptet, er sei nicht krank, sich nicht untersuchen lässt und keine Medizin einnehmen will.

❍

Ohne Keuschheit gibt es keine Garantie für dein Apostolat. „Wo dein Schatz ist, dort ist auch dein Herz."

❍

Sag nicht: „Ich muss sie (ihn) lieben, weil sie (er) mich so leidenschaftlich liebt!" Du musst zunächst dein Leben lieben. Was wirst du im Austausch für deine Seele erhalten?

❍

Man kann nicht mit der Begierde Frieden schließen, so wenig wie man mit der Krankheit Frieden schließen kann. Denn es geht um Leben und Tod.

❍

Dein Herz ist nicht aus Stein. Dein Herz ist aus Fleisch, und gerade darin besteht sein Wert; denn es ist liebesfähig. Ergreife mutig das Kreuz mit beiden Händen und pflanze es in dein Herz.

❍

Obszöne Geschichten, auch wenn sie als heitere Witze gedacht sind, bringen keinen Nutzen. Erzähl dergleichen nie. Die Erfahrung zeigt, dass, wer viel von etwas redet, auch zum Handeln übergeht. Das ist ein Gesetz der Psychologie.

❍

Lass dich mit dem Dämon der Unkeuschheit nicht auf Verhandlungen ein, so wenig wie du bei einem Atombombenversuch verweilen würdest. Hier ist Flucht die beste Taktik.

❍

Die Heiligen sind genau so schwach wie du. Einige waren sogar schwächer. Aber aus ihrer Schwachheit erwuchs ihr Verdienst. Sie sind zu Heiligen geworden und nur eines unterscheidet sie von dir: ihre Entschlossenheit.

❍

„Das Fleisch ist schwach." Gleich welche Bekleidung du trägst, das Fleisch bleibt immer schwach.

❍

Dein Leib ist kostbar:
Er wurde mit dem Blut Christi erkauft.
Er ist der Tempel der Dreifaltigkeit.
Er wird in alle Ewigkeit verherrlicht werden.
Biete deinen Leib nicht zum Schleuderpreis feil.

❍

Die Werbetätigkeit des Dämons kennt viele verlockende Tricks, der Anwalt des Fleisches ist sehr geschickt und eindringlich in seinem Plädoyer. Höre nicht auf ihn. Du sollst wissen, dass nach dem kurzen Augenblick des Vergnügens Überdruss, Gewissensbisse und Einsamkeit über dich kommen. Warum den Himmel gegen die Hölle eintauschen?

❍

Der Dämon der Unkeuschheit fürchtet Fasten und Beten. Hast du dich darin geübt?

❍

Das Schlimmste ist, dass du Ratschläge anderer ablehnst und dir selbst „ein erstklassiges Zeugnis" guten Verhaltens ausstellst.

❍

Verachte deine Brüder nicht, wenn sie der Versuchung erliegen. Nur durch Gottes Gnade hast du bisher standgehalten. Sei auf der Hut, dass du nicht morgen tiefer fällst.

❍

Wenn du leichtsinnig deine Sinne nicht streng bewachst, öffnest du dem Feind das Tor deiner Festung. David wurde Herr über den Riesen Goliat, aber nicht über die eigenen Augen.

❍

Stehst du nach dem Fall wieder auf, so nimm die Waffen und kämpfe mit ganzer Kraft, denn die Gehilfen des Dämons, die er mit der „Rückeroberung“ betraut, sind sehr geschickt.

❍

Eine Niederlage bedeutet nicht, dass der Krieg verloren ist. Gott kann alles zum Guten lenken, auch die Sünde.

❍

Ich will die Vergangenheit meines Bruders nicht wissen noch mich daran erinnern. Ich will nur seine Gegenwart kennen, damit wir uns gegenseitig lieben, unterstützen und an unsere Zukunft denken, damit wir einander vertrauen und Mut zusprechen.

❍

Je keuscher das Leben, desto größer ist die Seelenstärke, weil durch viele tapfere Kämpfe gewachsen.

❍

Ich habe volles Vertrauen zu Jesus, wenn ich sehe, wie er dem Sünder vergibt und ihn in Schutz nimmt: „Auch ich verurteile dich nicht. Geh und sündige von jetzt an nicht mehr.“

❍

Die Welt kann den Sinn der Keuschheit nicht verstehen.

Manche meinen, sie sei eine Dummheit.

Manche meinen, sie sei eine Verrücktheit.

Manche meinen, es sei ein Fehlverhalten.

In den Augen Gottes ist die Keuschheit ein großartiges Werk. Ein Leben in Keuschheit kann nur mit der Hilfe Gottes verwirklicht werden, und Gott allein lässt sie begreifen.

19

Die Familie

Eine Zelle der Kirche

Das Glück des einzelnen Menschen hängt nicht von seinen Reichtümern und seiner Stellung ab, sondern von der Liebe, die sein ganzes Leben prägt.

❍

Für die Vorbereitung zum Priestertum gibt es das Seminar, für die Vorbereitung zum Ordensleben das Noviziat. Für die Vorbereitung zum Lehramt gibt es die Pädagogische Hochschule. Was aber gibt es für die Vorbereitung auf den Elternberuf? Nichts! Wirklich ein weltweit gewaltiger Mangel. Zwar gibt es in Ansätzen so genannte Ehevorbereitungskurse; aber noch ohne breitere Wirkung. Wie viele scheitern bei dem Abenteuer Ehe, in das sie unvorbereitet geraten?

❍

Zu Beginn der Hochzeit zu Kana zählten nur Liebe und Freude; dann gab es auf dem Höhepunkt des Festes nur noch Wasser: Das Brautpaar wird sich bewusst, dass seine Mittel beschränkt sind, ihre Liebe genügt nicht. Im weiteren Verlauf der Hochzeit entdeckt man den Schatz der Tugend, der noch nicht herangezogen wurde: Der Wein, der dann serviert wird, schmeckt besser als der zu Anfang: eine aufrichtige Liebe, ein Herz, das sich selbst überwindet, sich selbst vergisst, das treu bleibt und alles hergibt, ohne etwas zurückzuverlangen.

❍

In deiner Jugend konntest du gehen, wohin du wolltest. Wenn du aber erwachsen bist, nimmt dich jemand anderes bei der Hand, einige andere, einige kleine Hände werden sich an dich klammern und dich gegen deinen Willen dorthin zerren, wo du nicht hinzugehen gewagt, weil du glaubtest, dass dir die Kraft dazu fehlt. Doch die Liebe kann dich zu allem drängen.

❍

Ein Ehepaar soll gegenseitig und den Kindern gegenüber jene Liebe üben, mit der unser Herr Jesus alle Menschen liebt. Ein solches Ehepaar nimmt am Geheimnis des Heils Anteil und erneuert es in seinem Leben. Es übt sich darin, voll und uneingeschränkt zu lieben, wie Jesus sie und alle Menschen liebt.

❍

Die Liebe in der Ehe hat die Kraft, im Herzen des Menschen grenzenlosen Mut, Vertrauen und Großherzigkeit hervorzurufen.

❍

Wer vom Partner verlangt, sich zu verändern, ohne ihm voll Liebe dabei zu helfen, verursacht bei ihm Ärger und Enttäuschung. Den Partner lieben, ohne ihm, wo erforderlich, eine Entwicklung zuzutrauen, heißt, ihn unterschätzen.

❍

Den Partner lieben, um ihm zu helfen, sich zu ändern, bedeutet, ihm die Mittel dazu geben. Vom Partner die Veränderung als Vorbedingung deiner Liebe zu beanspruchen, bedeutet, ihm die Mittel dazu wegnehmen.

❍

Der einzig richtige Weg, jemanden zu ändern, ist, ihn so anzunehmen und so zu lieben, wie er ist, denn sich geliebt zu wissen, ist die Voraussetzung für jegliches Sichwandeln.

❍

Die Liebe hält sich stets wach und aufmerksam: nicht, weil man an der Liebe des Partners zweifelt, sondern weil man sich für einander verantwortlich fühlt und sich durch neue Entdeckungen gegenseitig bereichern will. Da gibt es ungeahnte Möglichkeiten. Gerade diese wachsame Aufmerksamkeit ist eine Quelle der Freude.

❍

Die Fähigkeit, einen Menschen zu durchschauen, kann bedrückend sein, wenn sie sich auf seine Vergangenheit richtet. Es kann aber auch eine von Liebe erfüllte Fähigkeit sein, wenn sie sieht, wie sich der Mensch zum Guten wandeln kann.

❍

Liebe ist nicht blind: sie sieht die Schwächen des Geliebten und bemüht sich, sie zu ertragen. Sie sieht auch die Stärken des Geliebten und versucht, ihnen feinfühlig zur vollen Entfaltung zu verhelfen.

❍

Wer nicht fähig ist, „das Fleisch von seinem Fleisch, das Bein von seinem Bein“ zu lieben und seine kleine Gemeinschaft, Fundament aller anderen Gemeinschaften, glücklich zu gestalten, wie könnte der es wagen, die ganze Welt zu reformieren?

❍

In unserer Zeit hat die Kirche eine Spiritualität der Ehe entworfen; sie zeigt uns, dass die Ehe ein Mittel der menschlichen Entfaltung und zugleich eine Berufung zur Heiligkeit ist.

❍

Ihr seid verwundert, dass der Familienstand als Vater und Mutter auch als „Berufung" bezeichnet wird? Welch ein Irrtum, wenn man meint, die göttliche Berufung zur Vollkommenheit sei nur dem Stand der Priester und Ordensleute vorbehalten. Wenn sich zwei Menschen im heiligen Sakrament der Ehe versprechen, einander in Christus das ganze Leben zu lieben, ist das nicht ein Glaubenbekenntnis und ein „Gelübde"?

❍

Wenn die Laien ihre besondere Sendung in der Welt hervorheben, dann müssen sie ihre bedeutendste und entscheidende Sendung im Familienleben sehen.

❍

Durch die Erneuerung der Familie wird die Kirche erneuert.

❍

Gib die irrtümliche Gewohnheit auf, dir unter „Laien" Leute vorzustellen, die als einsame Junggesellen leben und sich von der Gemeinschaft abkapseln. Auch darf man den Begriff „Laien“ nicht nur in Abgrenzung zu Priestern und Ordensleuten verstehen. Vergiss nicht, dass die meisten Laien in einer Familie leben, und es stellt sich nur die Frage, wie sie das katholische Sakrament der Ehe verstehen und leben.

❍

Es ist wirklich traurig, dass die zivilisierte Welt von heute die katholische Lehre über die Ehe nur durch die „Verbote“ kennt. Die Welt ahnt nicht, dass Jesus, der gekommen ist, um den Menschen das Heil zu bringen, ihnen durch das Sakrament der Ehe eine außergewöhnliche Bereicherung zuteil werden ließ. Wir müssen die positiven Aspekte der katholischen Ehe studieren und verkünden.

❍

Lege in deiner katechetischen und pastoralen Arbeit Wert darauf, die katholischen Familien von ihrer eigenen Kraft zu überzeugen. Sie werden dann entdecken, dass sie nicht nur zu den Nutznießern gehören, die passiv Religionslehre, Sakramente und Gottes Gnaden empfangen, sondern auch zu den aktiven Aposteln.

❍

Im Bewusstsein ihrer Sendung stellen viele katholische Familien mit einem außergewöhnlichen Engagement der Kirche ihre menschliche und übernatürliche Energie zur Verfügung, die sie aus der ehelichen Liebe und dem Ehesakrament schöpfen.

❍

Den Ehepartner lieben heißt, Gottes Willen erfüllen. Begreift: im Lebensalltag verwirklicht ihr eure göttliche Sendung, und zwar durch alle kleinen Taten, mit denen ihr dem Rufe Gottes Folge leistet. Das ist ein Aspekt, der euer Leben revolutionieren kann, und eine unvergessliche Offenbarung.

❍

Die Liebe in der Ehe ist das Sinnbild, das Zeichen der Liebe Christi gegenüber der Kirche. In diesem erhabenen Mysterium findest du Kraft und Einigkeit. Die Liebe in der Ehe setzt die göttliche Liebe fort. Welche Ermutigung und welcher seelische Halt liegen in diesem Wissen!

❍

Gott hat dir eine liebe Partnerin oder einen lieben Partner und schöne, aufgeweckte Kinder geschenkt, damit ihr einander helft, heilig zu werden. Was hast du aus diesem Geschenk gemacht?

❍

Im Bewusstsein, dass ihr die gleiche Verantwortung für euer Wachstum in Gottes Liebe tragt,
im Bewusstsein, dass eure Berufung darin besteht, miteinander und durch gegenseitige Unterstützung heilig zu werden, im Bewusstsein, dass die sakramentale Gnade euch unaufhörlich unterstützt, werdet ihr ermuntert, mit großer Inbrunst in allen Bereichen eures Lebens das Geheimnis des Todes und der Auferstehung Christi zu leben.

❍

Ihr müsst entdecken, dass ihr fähig und verpflichtet seid, euch in der Ehe und durch die Ehe zu heiligen.

❍

Alle Realitäten des Ehe- und Familienlebens sowie alle gesellschaftliche Verantwortlichkeit sind für euch Gelegenheiten zu Wachstum, Selbstlosigkeit und Fortschritt auf dem Weg wahrer Heiligkeit.

❍

Die Einigkeit zwischen Eheleuten muss vollständig sein: Einigkeit im Leibe, in der Liebe, im Geist und im übernatürlichen Leben, dank der Anwesenheit Christi. Einander in Gott lieben, welche Schönheit! Noch schöner ist, einander um Gottes willen lieben! Die ganze Familie lauscht aufmerksam dem Wort Gottes und wächst gemeinsam in die Vertrautheit mit Gott hinein.

❍

Die Minuten des Schweigens nebeneinander, im Gebet versunken,

die Minuten des spontanen Gebets füreinander und für die Kinder,

die Minuten des intimen Austauschs über das geistliche Leben und die apostolische Arbeit

sind eine Offenbarung, eine tief empfundene Freude. Erfahrt die Anwesenheit Gottes mitten unter euch!

❍

Kinder zeugen stellt nicht bloß die Antwort auf das Bedürfnis der Sippe dar, ihre Zukunft zu sichern, sondern die Erfüllung des Wunsches, dass der mystische Leib Christi wachse. Kinder erziehen bedeutet, Menschen heranzubilden, die Gott, den Vater, mit Aufrichtigkeit anbeten. Entdeckt und verwirklicht mit Bewunderung das erhabene Vorhaben Gottes mit eurer Familie.

❍

Eure Kinder sind Glieder des mystischen Leibes Christi. Erzieht sie so, dass sie Kinder Gottes werden und dass sie sich, entsprechend eurem Vorbild, immer und überall als Vorkämpfer der Tugend erweisen.

❍

Die Familie ist eine Zelle der Kirche. Mit anderen Worten, sie ist eine „Kirche im Kleinen“ (ecclesiola), in der unser Herr Jesus in geheimnisvoller Weise anwesend ist und durch die Glieder seines mystischen Leibes lebt, stirbt und aufersteht. Dieser Gedanke erhellt die Bedeutung des katholischen Familienlebens und enthält auch die Kraft, es zu erneuern.

❍

Die Familie ist eine Zelle der Kirche. Diese Wahrheit zeigt deutlich den erhabenen Charakter und die Sendung der Familie:

die Kirche, die Jesus gestiftet hat, wird durch die Familie weitergeführt;

Gott ist in der Familie als Familienhaupt anwesend;

der Familienvater übernimmt innerhalb seiner Familie priesterliche Aufgaben;

durch ihr Leben im Alltag legt die Familie Zeugnis für die Gegenwart der Kirche ab;

das Bemühen der Familie, Gott näher zu kommen, trägt zur Vervollkommnung der ganzen Kirche bei;

Gott bleibt mit jedem Familienmitglied verbunden.

❍

Christus wollte seinen mystischen Leib mit den Familien als Zellen bauen. Die Kirche kann sich in ihren Methoden des Apostolats und bezüglich der verschiedenen Gesellschaftsformen ändern. Eines bleibt aber immer bestehen: Die Kirche entfaltet sich durch die Familien. Der Glaube wird mit Hilfe dieser lebendigen und gesunden Zellen verbreitet.

❍

Die Kindererziehung ist für die Eltern eine „Schule der Vollkommenheit". Die Kinder haben den kritischen Blick. Sie sind strenge Beobachter. Sie zwingen euch, eure Aufgaben treu zu erfüllen, und helfen euch dadurch, auf dem Weg voranzukommen.

❍

Sei überzeugt, dass das christliche Familienleben eine besondere Form des „Strebens nach Vollkommenheit" ist.

❍

Wenn wir behaupten, dass die Heilung der Arbeitswelt den Arbeitern anvertraut ist, so müssen wir auch glauben, dass die christliche Familie der erste Apostel für die anderen Familien sein soll.

❍

Die Achtung der Welt vor der christlichen Ehe hängt ab vom Grad der Heiligkeit der christlichen Familien.

❍

Die Erfahrung lehrt euch: Das gemeinsame Gebet in der Familie morgens und abends, oder genauer gesagt, die Gebetsstunde der Familie, offenbart euer tiefes Verlangen, „eine christliche Gemeinschaft“, eine Zelle der Kirche zu werden, wie Jesus es formuliert hat: „Wo zwei oder drei in meinem Namen versammelt sind, da bin ich mitten unter ihnen.“

❍

Die christliche Familie übt ihr Apostolat durch ihr „Zeugnis“ aus. Ihr müsst der Welt beweisen, dass ihr zur Heiligkeit berufen und in der Lage seid, ein gottgefälliges Eheleben zu führen. Ihr teilt mit den anderen Familien die Gnaden und das Glück, die der Herr euch geschenkt hat.

Wenn Dritte auf eure Familie schauen, dann müssen sie fragen: „Warum können sie so in Einigkeit, Liebe und Treue zueinander leben?“

❍

Die Familie ist ein Herd, der den anderen Licht und Wärme spendet. An jenem Tag, wo jede Familie zu einem solchen „Herd“ wird, wird diese Welt in eine große Familie verwandelt, die mit Licht und Hoffnung erfüllt ist.

❍

Die Familie übt ihr Apostolat durch die Gastfreundschaft aus. Öffnet weit euer Haus und zugleich öffnet weit euer Herz. Welches Haus bekommt keinen Besuch? Die Gastfreundschaft ist die bestens geeignete und die natürlichste Weise, Zeugnis für die Liebe, die Einigkeit, die Freude und die Aufgeschlossenheit abzulegen. Gastfreundschaft als Kunst wird zur Gastfreundschaft als Apostolat. Lebt so, dass alle, die zu euch kommen, den Wunsch spüren, wie ihr zu leben.

❍

Die Stunde, die ihr beisammen sitzt und zusammen bei Gott seid, ist eine Stunde der Wahrheit und wunderbarer Entdeckungen, eine Wunderarznei. Die Atmosphäre in der Familie wird verwandelt, viele heikle Fragen werden in gegenseitigem Verständnis gelöst. Vorher haben vielleicht Mann und Frau nur in einer Art von lockerer, oberflächlicher „friedlicher Koexistenz" gelebt. In dieser Stunde aber ist alles Liebe, Freude, Zärtlichkeit, Gebet.

❍

Das erste Priesterseminar, die erste Ausbildungsstätte für den Ordensnachwuchs, das erste pädagogische Institut ist die katholische Familie. Kein noch so tüchtiger und fachkundiger Direktor kann die Eltern ersetzen. Ist diese grundlegende Einrichtung beschädigt, dann wird auch die Zukunft der Kirche und der menschlichen Gemeinschaft erschüttert und vom Einsturz bedroht.

An seinem fünfzigsten Geburtstag schrieb Papst Johannes XXIII. seinen Eltern: „Liebe Eltern, heute bin ich 50 Jahre alt geworden. Gott hat mir viele Stellungen in der Kirche gegeben, ich bin an vielen Orten gewesen und habe viele Bücher gelesen; aber keine Schule hat mir eine bessere Erziehung mit größerem Gewinn gegeben als die, die ich von Euch erhalten habe, als ich noch auf Eurem Schoß saß."

❍

20

Die Demut

Die Lehre Jesu:
Güte und Demut

Würdest du das Glück begreifen, Gottes Kind zu sein, dann würden die Erniedrigungen dir nichts bedeuten, genauso wenig wie Beifall und Ehrung, die dir nichts Zusätzliches bringen können.

❍

Würdest du dich gründlich kennen, fändest du es verwunderlich, dass die Leute dich hochschätzen und lobpreisen. Ihre Verachtung würde dir angemessener erscheinen. Ja, du wärest darüber erstaunt, dass man dir soviel Nachsicht erweist.

❍

Ein apostolischer Geist ist demütig und dankt Gott wie Paulus es ausgedrückt hat: „Ich bin der geringste von den Aposteln; ich bin nicht wert, Apostel genannt zu werden ... Doch durch Gottes Gnade bin ich, was ich bin ...“

❍

Wenn du dich selbst erniedrigst, sagt das noch nicht, dass du demütig bist. Wenn andere dich erniedrigen, ist damit ebenso wenig gesagt, dass du demütig bist. Wenn man dich erniedrigt und du die Erniedrigung um Gottes willen annimmst, dann bist du wirklich demütig.

❍

Du wirst erst dann die Demut begreifen, wenn du das ganze Leben unseres Herrn Jesu betrachtest: Als Sohn Gottes hat er sich erniedrigt und alle Arten von Dummheit, Ignoranz und bösartigen Missverständnissen ertragen, dreiunddreißig Jahre lang, aus Liebe zu uns.

❍

Überheblichkeit bedeutet, Gottes Gnade, seinen Ruhm an sich zu reißen und daraus Eigenbesitz und eigenes Verdienst zu machen.

❍

Schau dir Maria an: Je demütiger sie ist, desto glanzvoller wird sie, weil dann alle Wunder deutlich aufscheinen, die Gott in ihrem Herzen vollbracht hat. Sie gleicht einer makellosen Lampe aus Kristall, durch die das Licht hindurchstrahlt.

❍

Wer ständig vor Gottes Angesicht lebt, kann nicht eingebildet werden. Worauf könnte er stolz sein? Alles kommt ja von Gott.

❍

Gib Acht: Es ist falsche Demut, wenn sie als Vorwand benutzt wird, um einer Verpflichtung zum Einsatz oder einer Erniedrigung um Gottes willen aus dem Weg zu gehen.

❍

Tu dir nichts auf deine Fähigkeiten und deine Erfolge zugute. Danke Gott dafür, dass er dich benutzt hat, wie ein Maler einen billigen Pinsel benutzt.

❍

Nur wer wirklich demütig ist, wird Frieden und Glück finden, wie Jesus uns gelehrt hat: „Nehmt mein Joch auf euch und lernt von mir; denn ich bin gütig und von Herzen demütig; so werdet ihr Ruhe finden für eure Seele." (Mt 11,29)

❍

Ein wirklich demütiger Mensch befindet sich so weit am Boden, dass er gar nicht tiefer fallen kann. Eine stolze Person dagegen ist wie jemand, der hoch oben auf einen Turm geklettert ist. Er kann leicht fallen; welch schrecklicher Sturz!

❍

Der Kirche mit Entschlossenheit gehorchen, heißt Treue. Sich mit Entschiedenheit für die Sendung zu opfern, heißt Mut und nicht Hochmut.

❍

Solange du noch dein „Ich" anbetest, gleichst du einem, der beten würde: „O Herr, glaube an mich. O Herr, setze deine Hoffnung auf mich!"

❍

Die bitterste Prüfung besteht darin, die eigenen Grenzen anzunehmen. An ein so schmales Kreuz genagelt zu werden, bedeutet zusätzlichen Schmerz.

❍

In seinem Leben hat Jesus die Demütigen offenbar besonders geliebt. Er sah über ihre Sünden hinweg und erwähnte sie nie wieder, so bei Petrus, Magdalena, Simon dem Aussätzigen und Zachäus. Der Herr ließ sich zu ihnen einladen und akzeptierte die Bezeichung: „Freund der Steuereintreiber und der Sünder“.

❍

Es ist nicht möglich, Spannungen ganz zu vermeiden. Man kann aber Spannungen mindern. Zum einen verlangt Gott nicht von dir, dass du alles machst. Zum anderen gibt dir Gott zu jedem Auftrag Zeit und Mittel dazu. Wenn du mit deiner ganzen Anstrengung und gutem Willen etwas nicht vollbringen kannst, bedeutet dies, dass Gott es nicht von dir will. Warum bist du gereizt und enttäuscht? Bewahre deine Ruhe und deinen Frieden!

❍

21

Die Diskretion

Wie das Samenkorn
tief in der Erde begraben

Jesus ist das Wort Gottes. Doch um seine Sendung gemäß dem Willen des Vaters zu erfüllen, hat er von den dreiunddreißig Jahren seines Lebens dreißig Jahre im Schweigen verbracht, vor allem während seiner Passion.

❍

Je größer deine umsichtige Diskretion, desto weniger wirst du zu bedauern haben.

❍

Erwarte nicht, dass du die anderen durch viele Worte dazu bringst, deinen Standpunkt zu verstehen. Im Gegenteil, je mehr du sprichst, desto mehr bietest du anderen Gelegenheit, deine Worte falsch zu verstehen und zu verdrehen, ja gar verleumderisch zu interpretieren. Sehr bald musst du dann ohne Ende Dementi auf Dementi von dir geben.

❍

Der Herr hat Wunder gewirkt und dann den Leuten verboten, darüber zu sprechen. Auch nach seiner Verklärung auf dem Tabor hat er verboten, davon zu berichten. Dein apostolisches Ideal sollst du still in deinem Herzen bewahren und danach handeln. Der Heilige Geist wird dir zu Hilfe kommen. Deine Indiskretion wird für die Welt willkommener Anlass sein, dich zu tadeln und dir Widerstand zu leisten.

❍

In der Bibel finden wir Beispiele von diskreter Umsichtigkeit bei unserer Mutter Maria und bei Judit; beide haben im Stillen heldenhafte Handlungen vollbracht. Unterschätze die Frauen nicht. Der unbesiegbare Kämpfer Simson wurde, da er seine Zunge nicht hüten konnte, von einer Frau, Delila, besiegt.

❍

Das Samenkorn, welches auf Ackerboden fällt und dort tief und unsichtbar begraben liegt, wird Blumen und Früchte tragen. Der Same, der auf die Autobahn fällt, wird von den Vögeln in der Luft geschnappt oder von den Reifen der Fahrzeuge zermalmt.

❍

Jedes Mal, wenn du den Drang spürst, dich deiner Talente zu rühmen, oder wenn du dich zum Streit provoziert fühlst, oder wenn du dabei bist, vor Wut zu explodieren, gerade dann musst du schweigen. Schweigen. Sonst kommst es, so weise du auch sein magst, zu einer „Sondervorstellung“, in der deine Worte schärfer und bissiger sein werden als gedacht und gewollt.

❍

So viele von deinen Werken, so viele von deinen Reden, so viele Programme und Vorhaben, die dir glänzend gelungen sind, verdankst du den still arbeitenden Zellen deines Hirns und den regelmäßigen Schlägen deines Herzens, das dein Blut in den Muskeln zirkulieren und diese arbeiten lässt. Ein stilles aber starkes inneres Leben ist von wesentlicher Bedeutung: Opfer, Geduld, Meditation, Liebe.

❍

Umsichtige Diskretion ist nicht Geheimnistuerei, sondern natürliche Feinfühligkeit. Nur ein Beispiel: du willst doch nicht, dass man dein Privatleben öffentlich diskutiert und benotet.

Wenn du jemandem etwas als Geheimnis anvertraust und ihn dabei um strenge Geheimhaltung bittest, dann bedeutet das, dass du selbst das Geheimnis verraten hast. Und das ist der Beweis dafür, dass du unfähig bist, etwas geheim zu halten.

❍

22

Die Fröhlichkeit

Einander Freude schenken

Heiligkeit bedeutet nicht, ein langes Gesicht ziehen, traurig sein oder sich elend fühlen. Der Heilige ist ständig fröhlich, weil er Gott besitzt, weil ihm das Himmelreich zuteil wird.

❍

Sei nicht deprimiert. Hab einen übernatürlichen Blick, dann wirst du alles in einem ganz neuen Licht sehen.

❍

Warum bist du unglücklich? Wahrscheinlich wegen etwas, was zwischen dir und Gott nicht ganz in Ordnung ist. Prüfe dich selbst. Du wirst es sofort sehen.

❍

Du solltest immer fröhlich bleiben. Der Weg der Hoffnung duldet keine traurigen Reisenden. Der Weg der Hoffnung stellt die Freude immer wieder her.

❍

Du arbeitest doch für Gott. Warum diese Entmutigung? Je größer die Drangsale, desto glücklicher solltest du werden, so wie Johannes und Petrus glücklich waren, als man sie auspeitschen ließ. „Sie aber gingen weg vom Hohen Rat und freuten sich, dass sie gewürdigt worden waren, für seinen Namen Schmach zu erleiden“ (Apg 5,41). Paulus schreibt: „Trotz all unserer Not bin ich von Trost erfüllt und ströme über von Freude“ (2 Kor 7,4).

❍

Für den Erfolg dankst du Gott, für den Misserfolg solltest du Ihm auch danken, in stetiger Freude. Denn gerade bei einem Misserfolg will Gott dich prüfen, ob du für Ihn oder für deinen Eigensinn arbeitest.

❍

Fröhlich und mutig beim Misserfolg bleiben ist schwieriger, als sich über den Erfolg freuen. Solche Helden kann man an den Fingern einer Hand abzählen.

❍

Traurigkeit, Mutlosigkeit, Klage, Jammer ..., das zeigt den Leuten den wahren Wert deiner wortreichen Ermunterungen und feurigen Reden. Wer würde da dem Herrn noch folgen wollen, sähe er nur dieses dein Gesicht?

❍

Sei fröhlich mit den Leuten, die dich lieben.
Sei fröhlich mit denen, die dich hassen.
Sei fröhlich in den Zeiten blühender Gesundheit.
Sei fröhlich in den Zeiten lähmender Schmerzen.
Sei fröhlich, wenn alle dir folgen.
Sei fröhlich, wenn alle dich deiner Einsamkeit überlassen.
Sei fröhlich, so dass alle, die zu dir kommen, diese Freude spüren, die du ausstrahlst, auch wenn dir in-

nerlich das Herz bricht. Dies ist eine echtere Heiligkeit als Askese und Fasten.

❍

Du hast kein Geld? Du hast nicht etwas, das du herschenken könntest? Überhaupt nichts? Warum denkst du nicht daran, dass du den andern jene Freude, jenen Frieden schenken kannst, die diese Welt nicht geben kann? Deine Schatzkammer der Freude sollte unerschöpflich sein.

❍

Wie kannst du deine Traurigkeit loswerden? Bete. Warum? Weil du im Beten Gott begegnest wie Magdalena auf der Suche nach dem Leichnam des Herrn und wie die beiden Jünger auf dem Weg nach Emmaus. Sie sind dem Herrn begegnet und wurden von all ihrem Kummer befreit.

❍

„Freut euch, dass ihr Anteil an den Leiden Christi habt; denn so könnt ihr auch bei der Offenbarung seiner Herrlichkeit voll Freude jubeln“ (1 Petr 4,13).

❍

23

Die Weisheit

Das Kreuz lehrt uns
die wahre Weisheit.

„Das Wort vom Kreuz ist denen, die verlorengehen, Torheit; uns aber, die gerettet werden, ist es Gottes Kraft“ (1 Kor 1,18).

❍

Wenn man dich lobt oder tadelt, hab keine Angst, etwas zu verlieren und keine Freude, etwas dazuzugewinnen. Es gibt nur eines, das dir Schaden zufügen kann: die Sünde.

Es gibt nur eines, das für dich einen Gewinn bedeutet: die Tugend.

Kümmere dich nicht um Lob oder Tadel. Man fürchtet auch nicht Pappsäbel und schätzt kein Spielgeld.

❍

Wer wird „die Mächtigen vom Thron stürzen“?

Wer wird „diejenigen zerstreuen, die im Herzen voll Hochmut sind“?

Wer wird in diesem Dschungel von verworrenen und irrtumsträchtigen Gedanken wieder Ordnung schaffen?

Wer wird den Menschen unserer Zeit Frieden bringen und ihnen Sicherheit für ihre Reise auf dem Weg der Hoffnung geben?

Nur die Weisheit, die der Herr durch seine Mutter Maria, „Thron der Weisheit“, uns schenkt.

❍

Die Länder der Armut ringen verzweifelt mit Hunger und Erniedrigung und mit vielen unlösbaren Sozialproblemen: Armut lähmt die Weisheit.

❍

Die Welt der „Kapitalisten“ lebt in Wohlstand und Üppigkeit und erfindet immer neue Bedürfnisse. Verwerfliche Gedanken füllen die Köpfe, Werbung und neue Heilsangebote stiften noch mehr Verwirrung und Unfrieden. Man ernennt sich selbst zum Lehrer der anderen: Hochmut vertreibt die Weisheit.

❍

Nicht nur Aktionen ändern die Welt. Auch Gedanken verändern sie, weil die Gedanken die Aktionen leiten.

❍

Wenn intelligente Menschen, selbst Gelehrte, die glaubten, alles zu wissen und alles entdecken zu können, betend vor Gott niederknien, dann werden sie erkennen, dass ihre Entdeckungen nur Strahlen des Lichtes sind, das vom Himmel kommt. Sie werden das Weltall mit anderen Augen sehen und erkennen, dass alle Dinge nach einer bestimmten Ordnung gefügt sind, nach einem vollkommenen, seit Ewigkeit bestehenden Plan.

❍

Die Gelehrten und die Genies haben maßgeblich zur Zivilisation der Welt beigetragen. Doch haben sie nur Bruchteile der Wahrheit. Eine Welt, der eine so prachtvolle Ordnung gegeben ist, muss von einer allerhöchsten Weisheit stammen: dem Wort, „durch das alle Dinge geschaffen wurden“(vgl. Joh 1,3).

❍

Das Wort ist Fleisch geworden, und Gott Vater hat erklärt: „Das ist mein geliebter Sohn, an dem ich Gefallen gefunden habe; auf ihn sollt ihr hören.“

Er ist das Leben: du lebst nur durch seinen Geist.

Er ist die Wahrheit: glaube nur an das Wort, das er lehrt.

Er ist der Weg: geh nur in seinen Spuren.

❍

Lass in dir keine Zweifel aufkommen, wenn du bemerkst, dass auf dem Weg der Hoffnung nicht viele derer gehen, die von der Welt als die Weisen anerkannt sind. Unser Herr hat uns vorgewarnt: „Ich preise dich, Vater, Herr des Himmels und der Erde, weil du all das den Weisen und Klugen verborgen, den Unmündigen aber offenbart hast.“ (Mt 11,25)

Danke Gott nur, dass er dir die wahre Weisheit offenbart hat.

❍

Die Welt fürchtet diese Wahrheit, weil unser Herr die Weisheit den „schmalen Weg“ genannt hat, weil sie die herkömmliche Lebensweise auf den Kopf stellt und unbequem ist, weil sie die Wertskala umkehrt und der Welt als unerhört und unannehmbar vorkommt.

Aber zu allen Zeiten gibt es Menschen demütigen Herzens und guten Willens, junge Leute großzügiger und eifriger Gesinnung, die dieser Weisheit bis zum Ende gefolgt sind.

❍

Die vom Heiligen Geist gegebene Weisheit wird deine Vorhaben erleuchten, deine Programme leiten und deinen Handlungen ewigen Wert verleihen.

❍

Hab Vertrauen und folge dem Beispiel des heiligen Paulus: „Als ich zu euch kam, Brüder, kam ich nicht, um glänzende Reden oder gelehrte Weisheit vorzutragen, sondern um euch das Zeugnis Gottes zu verkündigen. Denn ich hatte mich entschlossen, bei euch nichts zu wissen außer Jesus Christus, und zwar als den Gekreuzigten“ (1 Kor 2,1-2).

❍

Selbst die Kreuzigung unseres Herrn wurde in den himmlischen Weisheitsplan aufgenommen. Sie hat eine leuchtende Wandlung gebracht, die niemand mehr zudecken kann. Ihre Kraft kann niemand aufhalten. Die Erfahrung der vergangenen zwanzig Jahrhunderte zeigt das deutlich, und viele mutige

Menschen haben sich zu den Vorkämpfern gestellt, um dieser Weisheit zu dienen.

❍

Um diese Weisheit zu erlangen, musst du inständig darum bitten und dein ganzes Leben Gott anvertrauen und kompromisslos nach seinem Willen leben. In den entscheidenden Momenten, auch wenn du vor Gericht gezerrt wirst, sind die Worte, die du zu sagen hast, nicht von dir, sondern vom Heiligen Geist, der durch deinen Mund spricht. So ist es Stephanus geschenkt worden, der bei seiner Predigt ganz vom Heiligen Geist erfüllt war.

❍

24

Das Lernen

Lernen ist beten

Wenn du gute, schnelle und sichere Fortschritte auf dem Weg der Hoffnung machen willst, musst du lernen.

❍

Eine Stunde geistiger Arbeit ist ein Stunde Gebet.

❍

„Du sollst den Herrn, deinen Gott, lieben mit ganzem Herzen und ganzer Seele, mit all deiner Kraft und all deinen Gedanken.“ Wenn du dich nicht mit all deiner Kraft anstrengst, die für deinen Auftrag notwendigen Kenntnisse zu erwerben, dann kann man noch nicht sagen, dass du genügend Gott liebst.

❍

Lernen, um mehr zu wissen. Lernen, um zu erneuern. Lernen, um besser zu dienen und mehr zu lieben.

❍

Wer zehn Talente erhalten hat, soll zehn weitere dazu verdienen. Wer fünf hat, fünf. Und wer nur ein Talent erhalten hat, soll ein weiteres Talent dazu gewinnen. Du lädst eine große Verantwortung auf dich, wenn du die Möglichkeit zum Lernen hast und dich weigerst.

❍

Lernen bedeutet hier nicht in die Schule gehen oder sich Kenntnisse über Literatur und Wissenschaft aneignen. Lernen bedeutet: deine Fähigkeiten entwickeln und dein berufliches Können vertiefen und auf den neuesten Stand bringen.

❍

Um die Welt zu erneuern, braucht man die Gnade Gottes, doch musst du ein brauchbares Werkzeug der Erneuerung sein.

❍

Je weniger berufliche Eignung Verantwortungsträger in hohen Positionen besitzen, desto größer die Katastrophe. Möchtest du dein Leben in die Hände eines unerfahrenen Piloten oder Arztes legen?

❍

Betrachte deinen Beruf als eine Berufung, Gottes Willen mitten in der Gesellschaft zu verwirklichen. Dadurch heiligst du deinen Beruf.

❍

Opfer für den Beruf bringen, mit größtem Eifer für die Kultur arbeiten, sich in den Dienst der Wissenschaft stellen, das ist schön und erhaben. Doch bedenke, dass all das nur Mittel zum Zweck sind, nicht der Zweck selbst.

❍

Arbeiten! Theorie und Praxis dürfen nicht von einander getrennt werden. Wenn du auf dem Boden der Realität bleibst, wirst du sehen: leichter gesagt als getan. Du wirst dann weniger andere kritisieren und mehr dich selbst kritisch betrachten.

❍

Die Kirche braucht die einträchtige Zusammenarbeit von vielen intelligenten Köpfen, um die Liebe Gottes in alle weltlichen Bereiche zu bringen.

Die Kirche leidet unter der Zwietracht und Verworrenheit derjenigen, deren Köpfe zwar intelligent sind, deren Herz aber von sich eingenommen und hochmütig ist. So haben sich auch die bösen Geister verhalten.

❍

„Müßiggang ist aller Laster Anfang." Müßiggang selber ist ein Laster. Der Apostel geht nicht müßig. Es gibt keinen „Apostel im Ruhestand", nur Apostel, die ihre Aktivität ihrem Gesundheitszustand anpassen.

❍

Solange du noch jung bist und dein Leben voll Hoffnung ist, sollst du dich moralisch und intellektuell bilden. Du wirst große Ermutigung und Erleuchtung erfahren, wenn du bemüht bist, dein apostolisches Ideal zu verwirklichen.

❍

Wenn man vom Flugzeug aus nach unten blickt, erscheinen Fahrzeuge, Häuser, Menschen und Tiere wie Kinderspielzeug. Vom Mond herab sieht man, wie klein unsere Erde ist. Je mehr du lernst und je mehr Wissen du dir aneignest, desto bescheidener wirst du und desto mehr wächst dein Bedürfnis weiter zu lernen.

❍

Die Kirche lebt mitten in dieser Welt. Das ganze Wissen und alle Wissenschaften sollen der Verteidigung und Darstellung der Wahrheit dienen. Je umfangreicher dein Wissen, desto wirksamer dienst du der Kirche.

❍

Je gelehrter man wird, desto deutlicher erkennt man die Grenzen der Wissenschaft. Nur die Ignoranten glauben, ihre Kenntnisse seien unbegrenzt.

❍

Viele gelehrte Christen verheimlichen bei ihrer Aktivität in der Gesellschaft, dass sie Christen sind. Sie gehören zu der Gruppe jener, die das Bekenntnis je nach Bedarf wie Hemden wechseln.

❍

Wenn du jeden Tag nur eine Vokabel lernst und jeden Monat nur ein Buch liest, dann sind deine Fortschritte im Wissen beachtlich. Wenn du dies bisher noch nicht getan hast, solltest du heute damit beginnen.

❍

Bist du kein Experte, dann läufst du leicht Gefahr, überheblich tollkühne Erklärungen abzugeben. Die Illusion, ein Experte zu sein, kann bei dir leichter entstehen, wenn du ein hohes Amt bekleidest.

Überhebliche Inkompetenz wäre ein großes Unglück für dich und für viele.

❍

Talent allein reicht nicht aus, du musst auch moralisch handeln. Begabung kann elitär und schwer erträglich sein. Sie mag zur Handhabung der Maschinen und Bearbeitung chemischer Stoffe taugen, doch nicht dazu, andere Menschen zu lieben und sie zu überzeugen.

❍

Sich als Fachmann für alles zu sehen ist unwissenschaftlich und gestrig. Heutzutage musst du dein ganzes Wissen in bescheidenem Teamgeist einbringen, wenn du tauglich sein willst.

❍

Diplome beweisen, dass du irgendwann, besonders für ein Examen, erfolgreich gelernt hast. Wenn deine Lernbemühung aber mit dem Diplom endet, dann garantiert auch ein Haufen von Zeugnissen keine Fachkompetenz.

❍

Du fragst: „Wie lange soll ich lernen?“ Ohne Ende. Die Welt verändert sich ständig, die Arbeit der Kirche erneuert sich ständig, ihre Mittel und Wege müssen jederzeit auf der Höhe sein. Den Faulen schenkt Gott nicht Salomos Weisheit oder die angeborene Einsicht der Mutter Gottes.

❍

Du wirst eine Wahrheit besser verstehen, wenn du sie studierst. Noch schärfer und vollkommener wird dein Verständnis der Wahrheit, wenn du sie verteidigst.

❍

25

Die Entwicklung

Die Menschheit hat die ehrenvolle Aufgabe,
das Universum zu erobern
und ihm das Heil zu bringen

Entwicklungshilfe erschöpft sich nicht darin, für Nahrung und Kleidung zu sorgen, landwirtschaftliches Gerät zu verteilen, Brunnen und Kanäle zu graben. Entwicklung besagt, den Menschen zur allseitigen Entfaltung zu verhelfen, ihnen ein Leben zu ermöglichen, das „menschenwürdiger" ist.

❍

Wenn du jemandem geholfen hast, ist das kein Grund, zufrieden zu sein. Begnüge dich nicht mit dem Leichtesten: geben. Gott verlangt von dir etwas Schwierigeres: den anderen so zu helfen, dass sie in der Lage sind, sich selbst zu helfen und fähig werden, weiteren Menschen zu helfen.

❍

Gott will unsere Mitarbeit sowohl bei der Schöpfung als auch bei der Erlösung der Menschheit.

Wenn er das allein vollbringen würde, wäre das Werk sicher vollkommener, aber so erhält der Mensch mehr Würde. Wende die gleiche Arbeitsweise an wie Gott.

❍

Der Herr lehrt: Nach getaner Arbeit sollst du sagen: „Ich bin ein unnützer Diener ...“ (Lk 17,10). Wie tiefsinnig und bedeutungsvoll! Unnütz, weil der Herr es ist, der sie vollbracht hat, du bist nur das Werkzeug. Unnütz, weil deine Brüder nicht in der Rolle des Hilfeempfängers, das heißt des Unterlegenen verharren sollen; durch deine Hilfe hast du sie in die Lage versetzt, dich nicht mehr zu brauchen.

❍

Lass die anderen wachsen, während du dich zurück nimmst. Handle so, dass ihre Unterlegenheit abnimmt, indem du immer mehr von ihnen verlangst. Hilf ihnen und setze sie in die Lage, anderen zu helfen. Klammere dich nicht an deine Rolle als Wohltäter, als „Entwicklungshelfer“, sondern verhalte dich als Bruder und als Diener von allen.

❍

So glücklich du auch deine Brüder durch deine Hilfe gemacht hast: solange du aus ihnen „Marionetten“ machst, hast du ihnen nicht zur wahren Entfaltung verholfen.

❍

Die Tragödie der Armen besteht weniger in Hunger und Not, sondern in der Unmöglichkeit, „menschenwürdig“ zu leben.

❍

Zwischen Direktor und Arbeiter, Offizier und einfachem Soldaten, Lehrer und Schüler besteht ein Unterschied in der Stellung, auf den Stufen der Hierarchie, aber das ist unwesentlich. Wesentlich ist, dass sie als „Menschen“ Mitgefährten auf dem Weg und Kinder Gottes sind. „Ich nenne euch nicht mehr Knechte... Vielmehr habe ich euch Freunde genannt.“ (Joh 15,15)

❍

Das schönste Geschenk, das du deinen Mitarbeitern machen kannst, ist nicht ein Präsentkorb, eine Einladung oder eine kostbare Uhr, sondern die „Menschlichkeit“, die brüderliche Liebe, die du ihnen unauffällig durch die kleinen Gesten im Alltag schenkst.

❍

Gott hätte „passive“, das heißt problemlose Leute zu Mitarbeitern wählen können, aber er hat den Irrtum in Kauf nehmen wollen und Sünder als Mitarbeiter gewählt, die ihm durch ihre Eigenmächtigkeit Verwicklungen und Schwierigkeiten schaffen.

❍

Es ist recht leicht, Menschen zu akzeptieren, die dich ständig brauchen und dir die Rolle des älteren Bruders zuschreiben, weil sie passive Naturen sind, die nur gehorchen wollen; die nur den einen Wunsch haben, geholfen, gerettet und beschenkt zu werden. Aber du solltest verantwortungsbewusste Menschen formen, die auf eigenen Füßen stehen, Menschen, die den Namen „Mensch“ verdienen.

❍

Leicht ist das sicherlich nicht! Aber du musst mit Entschlossenheit den anderen helfen, damit sie lernen:
sich aufzuraffen,
nachzudenken,

zu organisieren,
zu kämpfen.
notfalls deiner Meinung entgegenzutreten.

Dann wirst du das wahre Glück erfahren, weil deine Brüder ebenso wie du zur vollen Entfaltung gelangen.

❍

Die Atomenergie ist eine großartige Entdeckung, der Stolz unseres Zeitalters.

Leider benutzen nur wenige sie zum Zweck des Friedens und der Entwicklung.

Noch weniger Menschen sehen darin einen Grund, die Allmacht Gottes zu bewundern und zu loben. Im Gegenteil eignen sich viele diese Gabe des Vaters im Himmel an, um immer schrecklichere Waffen herzustellen, die dem Brudermord dienen.

❍

Eine große Beleidigung Gottes durch den Menschen liegt darin, seine guten Gaben dazu zu missbrauchen, ungeheuerliche, zum Himmel schreiende Ungerechtigkeiten und schrecklichen Brudermord zu begehen. Nicht die Welt ist eng und bietet nunmehr zu wenig Wohnraum. Eng ist das Herz der Menschen! Es mangelt nicht an Pflanzen und Tieren zur Nahrung. Aber der Mensch frisst lieber seinesgleichen, grausamer als ein Raubtier.

❍

Man sollte weniger Reden halten über die Dürre in der Sahelzone, die Sturmflut in Bangladesh, die Gewalttätigkeiten in Lateinamerika. Stattdessen sollte man in seiner unmittelbaren Umgebung, unter dem eigenen Dach, direkt vor seiner Tür in einem Verlassenen, in einem Armen Jesus finden.

Wenn im Herzen der Menschheit die Liebe versiegt, wenn die Sturmflut des Hasses und des Egoismus hohe Wellen schlagen, dann ist die Katastrophe des totalen Untergangs bereits in unmittelbarer Nähe.

❍

Die Menschheit ist stolz auf ihre Atom-Macht, ihre Nutzung des Öls, auf die Zerstörungskraft der Raketen. Stolz auf die Raumfahrzeuge, die Nachbar-Planeten erreichen, stolz auf unser Zeitalter der „unbegrenzten Möglichkeiten“. Aber dieser Stolz kann die Welt in Schutt und Asche legen, wenn die Menschheit sich nicht mehr die Entwicklung des Menschen zum Ziel setzt und wenn sie Gott vergisst, „den Schöpfer des Himmels und der Erde, aller sichtbaren und unsichtbaren Dinge“.

❍

Der Hunger und das Elend der armen Völker sind nicht die einzigen Plagen. Das eigentliche Unglück besteht vielmehr darin, dass sich die reichen Länder nicht der Versklavung und Ausbeutung dieser Völker bewusst sind.

❍

„Entwicklung ist der neue Name für Frieden“ (Paul VI.).

❍

Solange die entwickelten Länder der Erde nicht einmal ein Prozent ihres Einkommens für die Entwicklung der armen Völker aufbringen, solange die Reichen dieser Welt, die nur 20% der Weltbevölkerung ausmachen, 80% der Ressourcen der Menschheit besitzen, ist die Gefahr eines atomaren Weltkrieges nicht zu bannen.

❍

Pläne einer uneigennützigen Entwicklungshilfe zu entwerfen und in die Tat umzusetzen, dient dem Frieden mehr als die Konferenzen zum Atomwaffenabbau oder wirtschaftliche Gipfeltreffen.

❍

Ein „Apostel der Entwicklung" sollst du sein, wie Papst Paul VI. dazu aufgerufen hat. Er selbst war ein „im Dienste der Entwicklung und des Friedens reisender Papst".

❍

Konkret gesprochen, meint „Entwicklung" eine Erde, auf der Jesu ureigenes Gebot verwirklicht wird. Alle lieben einander, helfen sich und teilen alles miteinander in umfassender Brüderlichkeit.

❍

26

Das Engagement

Der Maßstab deines Engagements:
„Dein Leben hingeben“ wie Jesus Christus.

Denke nicht, dass dein Engagement darin besteht, dich fieberhaft in Aufsehen erregende Aktivitäten zu stürzen.

Du sollst dem Engagement einen tieferen Sinn geben: dem Herrn folgen; so zu lieben, dass du dich um der anderen willen ganz vergisst; dich völlig hinzugeben an die Gemeinschaft mit den anderen, damit sie reich werden und Gottes Wirken in ihnen „reiche Frucht bringe“.

❍

Der Mensch wird einzig dann Gott ähnlich, wenn er sich ununterbrochen hingibt, wie die Personen im göttlichen dreifaltigen Leben:

in vollkommener Hingabe,
in vollkommener Communio,
in Liebe.

❍

Du sollst du selbst werden, wie Gott es will, indem du Gottes Bild in dir von Staub und Schmutz befreist. Ähnlich wie der Bildhauer, der den Steinblock bearbeitet, damit allmählich die verehrungs- und liebenswürdigen Züge des göttlichen Antlitzes zum Vorschein kommen.

❍

Hilfst du anderen zur Selbstvergessenheit und Hingabe, so hilfst du ihnen, das Antlitz Gottes im Menschen aufscheinen zu lassen.

❍

Nur durch die Tat lernst du die Selbsthingabe. Denn es ist leicht, von Selbsthingabe zu reden. Schwer dagegen, sie wirklich zu üben. Man kann beliebig lange Predigten darüber halten, für die Tat selbst ist die Zeit immer knapp bemessen. Zahlreich sind Aufrufe zur Selbsthingabe, selten aber deren getreuliche Praxis.

❍

Jede Gelegenheit zur Selbsthingabe im Alltag ist statt einer Drohung von Leid oder Verlust eine Einladung Gottes, ihm näher zu kommen (vgl. 1 Joh 3,16).

❍

Auf dem Weg der Hoffnung sollst du gehen, um dich hinzugeben und die anderen zur Selbsthingabe aufzumuntern. Das ist die schönste Art, ihnen zu dienen, denn damit hilfst du ihnen, dem Bild Gottes, das uns Christus offenbart, ähnlich zu werden.

❍

„Daran haben wir die Liebe erkannt, dass Er sein Leben für uns hingegeben hat. So müssen auch wir für die Brüder das Leben hingeben“ (1 Joh 3, 16). Du fragst mich: Was ist das Maß der Selbsthingabe? Handle wie Jesus: opfere dein Leben! Wenn du lautstark Erklärungen über die Selbsthingabe abgibst, wenn du äußere Aktivitäten ohne innere Gesinnung entfaltest, wenn du im religiösen Leben nachlässig bist und dich vor Mühsal, Armut, Gefängnis und Tod fürchtest ..., wenn du dich nur wie andere engagierst, die die siegreiche Seite unterstützen, dann lass es sein, gib es auf. Denn das ist vorgetäuschter Einsatz, Selbstdarstellung.

❍

Du möchtest nicht allein tätig sein, du möchtest, dass auch andere mitmachen. Nicht nur deine Selbsthingabe wünschst du; andere sollen dich begleiten. Du willst nicht Sympathie für dich allein erwecken, sondern ermunterst die anderen, in ihren Freundeskreis auch andere mit einzubeziehen. Eure Liebe gleicht einem Stein, der, ins Wasser geworfen, immer weitere Wellenkreise erzeugt.

Du verfolgst dabei das eine Ziel: sie aus ihrer Ichbezogenheit zu befreien, damit sie zu Menschen werden, wie Gott sie seit Ewigkeit gewollt hat.

❍

Du fragst dich, woher dieses Gefühl der Unerfülltheit, der Enttäuschung? Woher dieses Gefühl des Verlorenseins auf halbem Wege? Woher die Verwirrtheit und Atemnot? Der Grund: du hast den dicken Nebel noch nicht vertrieben, der das Antlitz Gottes in dir bedeckt.

❍

Um dich herum leiden viele Menschen, ja die ganze Menschheit stolpert im Nebel voran. Dein Leben muss eine Opfergabe sein, um Bahnen und Brücken der Hoffnung zu schlagen, die alle zu Gott führen. Gott ist das Ziel. Gott ist die Liebe. Gott ist die Fülle. An der Seite Gottes ist dir niemand mehr fremd. Alle sind deine Brüder und Schwestern.

❍

Manche schließen ihre Augen, um nichts zu erblicken oder schauen einfach weg, um nicht zu sehen. Manche verstopfen sich die Ohren oder täuschen Taubheit vor, um nicht zu hören. Aber Wahrheit bleibt Wahrheit. Schau und höre mit Aufmerksamkeit. Lerne aus der Realität, lerne von den anderen. Die Realität ist dein Lehrbuch und deine Brüder sind deine Lehrmeister.

❍

Soziologen und Psychologen erstellen scharfsinnige Analysen und legen viele sorgfältig hergestellte Statistiken vor. Unterschätze ihre wissenschaftlichen Leistungen nicht. Sammle vielmehr die Fragen und die Antworten der Wissenschaftler und lies sie mit den Augen des Glaubens.

❍

Du begegnest Tausenden von Jugendlichen, die auf der Straße liegen, und sich im Schlamm ihrer Ausweglosigkeit wälzen. Sie diskutieren endlos über den Traum, eine neue Gesellschaft zu gründen, einen neuen Menschen hervorzubringen. Aber sie haben nur Drogen, Gewalt, Verlogenheit und Verzweiflung gefunden. Sie brauchen dich, sie rufen dich mit der Stimme von Ertrinkenden, von Erstickenden.

❍

Die folgenden Arten von Selbsthingabe solltest du kennen: Es gibt Christen, die nach einer Weile des kämpferischen Engagements Zweifel über den Wert des Kampfes bekommen und sich ins Gotteshaus zurückziehen, um dort Trost zu suchen. „Aus Furcht davor, Gott zu vernachlässigen, will ich mich nicht engagieren.“ Es gibt solche, die sich „mit Leib und Seele“ engagieren und die, um völlig freie Hand für den Kampf zu haben, sich von Gott lossagen. Am Anfang sagen sie sich: „Erst nach vollbrachter Arbeit werde ich an Gott denken.“ Und am Ende sagen sie: „Mein Engagement gilt einer weltlichen Angelegenheit. Gott hat damit nichts zu tun. Ich behellige ihn nicht damit.“ Dann gibt es jene, die weder das Schlachtfeld räumen wollen noch den göttlichen Auftrag verraten. Sie sind überzeugt, dass sie nur mit Christus siegen. Deshalb engagieren sie sich mit „Leib und Seele“ zusammen mit Christus.

❍

Gehörst du zu denen, die das ganze Leben im Schatten des Gotteshauses verbringen und nur „Geist“ sein wollen, die aber weder Engel, noch Heilige, noch Menschen geworden sind?

Folge dem Herrn Jesus, der als wahrer Gott und wahrer Mensch in die Welt gekommen ist. Lass dich wieder als Mensch „einbürgern“.

❍

Überlasse nicht anderen den täglichen Aufbau der Welt, ohne dich dabei bewusst, wachsam und aufmerksam zu beteiligen. Der Herr hat dich erlöst, hat dich mit einer Mission beauftragt, hat dich in diese Welt, in dieses Jahrhundert, in diese Umgebung gestellt. Dich, und nicht einen Stein. Das ist ein riesiger Unterschied! Sei kein Marionetten-Christ.

❍

Die Scheidung zwischen der religiösen Praxis in der Kirche einerseits und dem Verhalten „draußen“ in der Gesellschaft andrerseits ist der verheerendste Skandal in unserem Zeitalter.

❍

Eine wirkliche Revolution, die alles zu erneuern vermag, vom Herzen der Menschen, das man nicht ergründen kann, bis hin zu sämtlichen Strukturen der Politik, der Wirtschaft, der Gesellschaft dieser Welt, kann weder ohne den Menschen noch ohne Gott vollbracht werden; sie kann nur durch den Menschen, in Christus und mit Christus erfolgen.

Engagiere dich im Kampf für eine solche Weltrevolution.

❍

Hast du bis jetzt nicht neben Gott gelebt? Du hast Gott nicht gesehen, bist ihm nicht begegnet. Du hast nicht mit Gott nachgedacht, dich nicht mit ihm unterhalten, nicht mit ihm gehandelt.

In deiner Seele herrscht nicht Friede und Zufriedenheit. Dein Engagement ist einsam, ohne Gott. Du hast Gott in die Kirche zurückgedrängt.

❍

Als Christ engagierst du dich anders als die anderen, weil du Ziel und Mittel im Licht des Glaubens betrachtest:

Das Ziel: Christus. Du liebst den Herrn in deinen Brüdern.

Die Mittel: bedenke, dass für dich Organisationen

und Strukturen nur Mittel sind, die zum Menschen führen sollen. Aufrichtige Kooperation statt Manipulation. Liebe statt Hass und Rachsucht. Sag nein zur Selbstsucht und zu Intrigen.

❍

Wähle bewusst die Form deines Einsatzes, das heißt ein Engagement, das auf deiner Fähigkeit, den Bedürfnissen deiner Brüder und dem Lebensumfeld, in dem du handelst, basiert. Du kannst nicht alles tun. Tu jedoch alles, was du tun kannst, im Glauben.

❍

Frömmigkeit ist auch eine Form des Apostolats. Lobenswert; doch sie entbindet dich nicht von der Verpflichtung, dich in den Dienst deiner Brüder in weltlichen Angelegenheiten zu stellen; denn der Herr hat dich in diese Welt gesandt.

❍

Wenn du aus dem Glauben lebst, wirst du alles mit den Augen Jesu sehen. Du entdeckst dann in jedem Ereignis die Dimensionen der Ewigkeit.

❍

Wenn du die Nachrichten verfolgst, dann schau durch die Ereignisse und durch die Geschichte hindurch. Du musst zur Überzeugung gelangen: „Es handelt sich hier um die Nachrichten des Himmelreiches“. Dann wirst du, nachdem du die Zeitung zusammengefaltet und das Radio oder den Fernseher ausgeschaltet hast, mit noch größerer Innigkeit beten.

❍

Durch die Worte in den Zeitungen hindurch, durch die Bilder am Bildschirm oder die Nachrichten im Rundfunk hindurch entdeckst du den wahren Sinn der Ereignisse im Licht des Evangeliums, ob sie erfreulich und hoffnungsvoll oder belastend und traurig sind, ob sie von Fortschritten oder Rückschlägen des Gottesvolkes auf dem Wege zum Gelobten Land handeln.

❍

In unserer Sprachregelung unterscheiden wir zwischen Religion und Welt, zwischen Seele und Körper. Aber dies sind untrennbare Elemente, die im Herzen der Kinder Gottes eng verflochten sind:

Es gibt nur ein Leben.
Es gibt nur eine Geschichte.
Religion und Welt, Leib und Seele
sind eng miteinander verbunden.

❍

Der Schlüssel zur Fähigkeit, durch die Ereignisse hindurch zu lesen: Du benutzt das Evangelium als Nahrung für deine Seele. Dein Einssein mit Jesus Christus wird dir seinen Geist verleihen. Wie sieht Gott die Welt? Gott der Vater hat die Welt so geliebt, dass er seinen einzigen Sohn gesandt hat, um sie zu erlösen.

❍

In jeder Minute bist du dabei, Gottes Vorhaben in der Geschichte zu verwirklichen.

❍

27

Die Erneuerung

Ein neues Pfingsten
in der Kirche vorbereiten.

Erneuerung bedeutet Rückkehr zur Quelle.

Formel der Erneuerung: Den Christen zur Rückkehr zum Christentum verhelfen. Die Christen Christus zurückbringen. Beim ersten Hören wunderst du dich. Aber nach gründlichem Nachdenken wirst du feststellen, dass es wahr ist. Eine mehrmals wiederholte Bemerkung von Gandhi lässt uns nachdenklich werden: „Ich liebe Christus, jedoch nicht die Christen, weil sie ihm nicht ähnlich sind.“

❍

Erneuerung bedeutet nicht nur Auffrischung von Äußerlichkeiten, oder Änderung einiger Einzelheiten des Rituals, um es attraktiver zu machen. Erneuerung bedeutet auch nicht, den Komitees neue wohlklingende Namen geben, alte Strukturen abschaffen und dafür neue Organisationen ins Leben rufen, Versammlungen veranstalten, Erklärungen abgeben...

Paulus definiert die Erneuerung unmissverständlich: „Legt den alten Menschen ab, der in Verblendung und Begierde zugrunde geht; ändert euer früheres Leben und erneuert euren Geist und Sinn! Zieht den neuen Menschen an, der nach dem Bild Gottes geschaffen ist in wahrer Gerechtigkeit und Heiligkeit“ (Eph 4,22-24).

❍

Man schilt die Kirche oft als rückständig und unbeweglich, altmodisch und strukturschwerfällig. Kein Wunder, dass es in der Kirche so viele Krisen gebe.

Dem ist aber nicht so. Du solltest nicht die Schuld auf die Kirche abwälzen, um dich von Nachdenken und Selbstprüfung zu dispensieren. Die Kirche besteht aus dem ganzen Volk Gottes, dem du angehörst.

Die Gründe für die Krisen sind:

Die Geringschätzung des Gebets.

Die Christen denken und handeln genauso wie die Nichtchristen (keine Spur mehr von übernatürlichem Denken und Handeln).

Die Torheit des Kreuzes Jesu wird nicht akzeptiert.

❍

Im Zusammenhang mit der Erneuerung hat man sehr viel Papier über das Thema „Rückkehr zur Quelle“ verschwendet. Genug mit den Reden! Du sollst handeln. Was haben die Christen in der Frühzeit gemacht? Sie wurden gewaltig bewegt vom „Vermächtnis“ Jesu, das sie noch ganz frisch in ihrem Herzen bewahrten: „die Liebe“. Das war eine Revolution durch die Liebe. Sie hat die ganze griechische und römische Welt erneuert, eine Erneuerung, die bis in die Wurzel reichte, die den alten Menschen erneuerte und einen neuen Menschen, eine neue Gesellschaft hervorbrachte.

❍

Die Liebe, die vom Menschen kommt, beschränkt sich auf eine Gruppe von Menschen. Die Liebe, die aus dem Geist Gottes stammt, öffnet sich allen Menschen. Die menschliche Liebe ist eine nachträgliche Antwort. Die göttliche Liebe tut von sich aus den ersten Schritt.

Die menschliche Liebe zieht alles an sich.
Die göttliche Liebe vereinigt sich mit den anderen.
Die menschliche Liebe berührt nur den Menschen.
Die göttliche Liebe verwandelt den ganzen Menschen.

Wenn der Mensch sich wandelt, dann wandelt sich auch die Gesellschaft, ebenso die Gesetze und die zwischenmenschlichen Beziehungen: eine allumfassende Erneuerung.

❍

Kehr zurück bis zur Quelle, das heißt zu Gott, um die Erneuerung zu vollbringen.

Was hat die Bibel über Gott ausgesagt?
Johannes definiert: „Gott ist die Liebe“.
Jesus sagt: „Mein Vater und ich sind eins“.

Jesus wünscht eine Erneuerung nach dem Willen Gottes: „Liebt einander“ und „Vater, gib, dass sie eins werden“. Liebe und Communio.

❍

Wie lange dauert der Prozess der Erneuerung? Man muss immer wieder neu anfangen.

Man muss ständig nach Vervollkommnung streben. Du darfst nicht ausruhen, solange du heute noch nicht weiter kommst als gestern in der Vereinigung mit Gott. Du musst dir folgendes einprägen: sobald du stehen bleibst, geht es rückwärts und abwärts, beginnt dein Rückschritt.

❍

Du fragst, wo die Grenze deiner Selbsterneuerung liegt. Ich möchte, dass deine Erneuerung die Vollkommenheit Christi erreicht, nach dem Geist des heiligen Paulus; das heißt bis zu jenem Grad, wo man an dir nichts mehr hinzufügen und auch nichts wegnehmen kann, weil dann nichts mehr dir gehört, sondern dein Reichtum nichts anderes ist als der Reichtum Jesu, des Herrn.

❍

Du musst deine Seele so erneuern, dass sie Gott gegenüber großzügig und einfältig wird: Du schenkst Gott alles, was er von dir will. Vergiss aber auch nicht das zweite: Du nimmst alles an, was Gott dir schenkt.

❍

Bei schwerer Krankheit spenden dir deine Eltern Blut, um dich zu erneuern, damit du Farbe und Frische zurückerhältst. Du kannst dein Leben und das der Kirche nur erneuern, wenn du das Blut des Herrn in dein Herz aufnimmst, damit es dein „altes Blut" ersetzt und dich rettet.

❍

Jeden Tag berichten die Zeitungen mit dicken Schlagzeilen über Sensationen und explosive Ereignisse der menschlichen Geschichte. Du musst dabei sein, du musst mit der Menschheit zittern und wachsam sein. Die Geschehnisse sind Zeichen der Zeit, die dich anspornen, eine neue Gesellschaft mit aufzubauen, bei der die Ereignisse nicht Gegenstand der Nachrichtenjagd sind: eine Gesellschaft nach dem Willen Gottes, sein Reich, das schon mitten in der Welt mit den Mitteln der Welt verwirklicht wird.

❍

Jedes Jahrhundert hat seine „evangelischen Ereignisse" durch Menschen, die Geschenke der Vorsehung an die Menschheit sind: Benediktus, Augustin, Franziskus, Bernhard, Vinzenz, Teresia von Avila, Ignatius, Don Bosco, Theresia vom Kinde Jesu. Jedes Mal entdecken diese Heiligen einen neuen Aspekt des Evangeliums und hauchen der Menschheit eine neue vom Evangelium geprägte Lebenskraft ein, als Antwort auf Bedürfnisse ihrer Zeit.

❍

Evangelisiere jeden Tag aufs Neue deinen Geist und dein Herz, indem du das Wort des ewigen Lebens liest, betrachtest und in dich aufnimmst, um deinen Durst zu stillen. Dadurch wird das Evangelium nach und nach gänzlich durchdringen, bis in jede Zelle hinein. Darin liegt die sicherste Erneuerung, die wirksamste Revolution.

❍

Bei all unseren Erneuerungsbemühungen, bei all den Büchern, Organisationen, Komitees, Aktivitäten und Opfern, bei allem Potential an Menschen, Maschinen, Fabriken, Autobahnen, Raumschiffen, Satelliten, Wissenschaften bleibt letztlich die Frage: Was werden wir sein? Welchen Sinn hat unser Leben?

❍

Wie können diese Fragen beantwortet werden, wenn wir nicht auf Gott schauen, die Quelle unserer Hoffnung, der uns ständig erneuert und beglückt?

❍

Vom heutigen Tag an sollen dein Gesichtsausdruck, deine Gebärde, dein Schweigen, dein Herz, deine Seele, ja alle deine Handlungen, sowie deine Art zu leben und zu sterben, das Licht des in dir anwesenden Herrn ausstrahlen, und die Orte, an denen du vorbeigehst, die Menschen, denen du begegnest, sollen von diesem Licht überflutet werden.

❍

Wenn du nur „religiös praktizierst", kann man noch nicht von Erneuerung sprechen.

Der Satan will Gott aus der Welt vertreiben und die Welt von Gott trennen.

Du musst dich bemühen, Gott der Welt und die Welt zu Gott zurückzubringen.

❍

Man kann für ein Ideal alles opfern. Jeder Christ, jede christliche Gemeinschaft, wenn sie wirklich dem Gemeinwohl und der Menschheit dienen wollen, müssen für ein Ideal leben. Dieses Ideal ist der Glaube an Gott.

❍

Die stabilste Mauer ist nicht ein Festungswerk, nicht der elektronische Zaun, sondern die „Mauer deiner Gleichgültigkeit". Dass die Leute sterben, dass sie sich in Elend und Not befinden, all das lässt dich kalt. Zusammenbrüche und Rückschritte, was kümmert dich das? Das ist nun mal so. Wie kann man es überwinden? sagst du.

❍

Die Erneuerung der Gesellschaft vollzieht sich durch Menschen, die sich wirklich gemäß dem Evangelium erneuert haben. Der Glaube verleiht ihren Pflichthandlungen einen neuen Wert.

Sie lenken zwar nicht die Aufmerksamkeit auf sich, man hört ihre Stimme nicht; doch man erkennt an ihnen, dass etwas Neues geschehen ist. Unversehens merkt man, dass das Leben schöner wird, dass ein neuer Duft sich diskret in der Atmosphäre ausbreitet.

❍

Nicht mit schnellen, hektischen Schritten, sondern festen, sicheren Schritten wirst du weit kommen. Begnüge dich nicht mit Vorwärtsappellen an die Welt, sondern du selbst musst aufbrechen.

❍

Papst Paul VI. hat deutlich gezeigt, dass die Erneuerung der Welt nur durch Überwindung der folgenden Doktrinen gelingen kann:

Das irdische Glück als Endziel betrachten, sinnlichen Genuss, Reichtum und Macht anbeten ...

Den Wert der Opferbereitschaft, der Demut, der Geduld nicht mehr anerkennen ...

Dem Glauben verfallen sein, dass nur die Politik alle Probleme lösen kann: Frieden, Entwicklung, Familie, Brüderlichkeit, Gerechtigkeit.

❍

Dein Leben besteht nur aus einer ununterbrochenen Kette von Stunden: Stunden des Schlafes, des Aufstehens, der Mahlzeiten, des Lernens, der Arbeit, der Erholung, des Fernsehens, der Lektüre von Zeitungen. Wenn es keinen Faktor gäbe, einen einzigen notwendigen Faktor, der deinem Leben die Einheit verleiht, dann wäre dein Leben wirklich langweilig und zusammenhanglos.

Dieser Faktor ist die Liebe Gottes. Mit dieser Liebe wird dein Leben vollständig verwandelt. All deine Handlungen werden von nun an zu Zeugnissen für die Anwesenheit Gottes in dir.

❍

Setze dich ein für die Geburt eines „neuen Frühlings“ in der Kirche. Bereite die Seelen für den Empfang eines „Neuen Pfingsten“ der Kirche vor. Sei eine breit geöffnete Pforte, um den leichten Hauch des Geistes hereinzulassen, der das Angesicht der Kirche verjüngen wird.

❍

Wenn du nicht vorwärts kommst auf dem Weg der Hoffnung in Richtung Heiligkeit, gehörst du nicht der jungen Generation an. Andrerseits gehörst du auch nicht zur alten. Du gehörst einer Generation an, die schon tot ist. Wie wunderbar und wie faszinierend! Mitten in dieser dekadenten Welt erhebt sich eine Generation von Heiligen. So hat es Gott gewollt; wusstest du das?

❍

Die Erneuerung fordert Mut und Entschlossenheit. Vor so vielen Leiden und vor Gott, der dich ruft, verschanze dich nicht hinter Gleichgültigkeit. Werde ein Apostel im Dienste der Erneuerung, selbstverständlich in Geduld und Opferbereitschaft und einzig aus Liebe zur Kirche.

❍

Der Heilige Geist ist Motor und Autor aller Reformen in der Kirche. Er ist derjenige, der „das Gesicht der Erde erneuert“. Jede Reform ist nämlich ein neues Pfingsten, und diese kann nicht ohne den Heiligen Geist geschehen. Das gilt auch für dich: es gibt keine Erneuerung ohne Ihn.

❍

Immer „A jour“ sein! Erneuere dich jeden Tag, damit durch deine Stimme die Welt die Frohe Botschaft empfangen kann, damit das Evangelium Eingang in jedes Heim findet und jedes Herz berührt. Sei ein Mann, eine Frau deiner Zeit!

❍

Für die Kirche bedeutet Erneuerung: das Evangelium der heutigen Welt anpassen. Das bedeutet in gar keiner Weise die Kraft des Evangeliums mindern. Aber die Kirche muss sich den Menschen unserer Zeit in deren Sprache darstellen. In der Tat, wenn die Kirche nicht zur Menschheit kommt, werden die Menschen nicht zu ihr kommen.

❍

Konzentrierst du deine ganze Aufmerksamkeit auf jene Revolution, die in der Welt schon eingesetzt hat, oder ziehst du dich zurück in deine kleine Welt? Bringst du deinen Stein mit, so klein er auch sein mag, zum Aufbau einer neuen Gesellschaft oder bringst du nur deine negative Kritik mit?

28

Das neue Leben

Christen dürfen nicht traurig sein,
nur Hoffnungslose sind traurig.

Wer sich verlaufen hat, ist enttäuscht. Wer kein Ziel kennt, hat keine Hoffnung. Wer sich in Richtung eines Ziels bewegt, ist voller Hoffnung. An deinem Ziel wirst du Gott begegnen, dem gütigen Vater, der auf dich wartet. Dann wird sich deine Hoffnung erfüllen.

❍

Für den, der das Ziel nicht kennt, ist die Stunde des Todes die Stunde der Verzweiflung, weil alles verloren geht: Geld, Vergnügen, Freunde. Vor seinen Augen sind nur Finsternis, Zusammenbruch, Nichtigkeit aller Dinge. Für dich aber ist das Ende des Weges der Hoffnung von Licht überflutet.

❍

Du siehst an einem Herbstabend die Regentropfen fallen. Ähnlich wie diese Regentropfen, die unbemerkt herabfallen, gehen jeden Tag zahllose Menschen in die Ewigkeit ein. Und zur gegebenen Stunde wirst du selbst einer dieser Tropfen sein.

❍

Die Menschen bedauern und jammern: „Das Leben geht zu Ende." Du dagegen bist voll Freude und rufst laut: „Die erhoffte Seligkeit und die Wiederkehr des Herrn sind nahe."

❍

Die Menschen in der Welt sagen: „Jeder Tag bringt uns dem Grab einen Schritt näher." Du dagegen musst sagen: „Jeder Tag bringt mich der Pforte des Himmels einen Schritt näher."

❍

Was die Menschen in der Welt für „Tod" halten, musst du als „Leben" erachten. Was sie „den letzten Atemzug" nennen, ist für dich der Beginn eines „neuen Lebens". Was für sie „Ende" ist, ist für dich „Anfang".

❍

Sei bereit und erwarte mit einer brennenden Lampe in der Hand die Stunde der Wiederkehr des Herrn, wie Er will, wo Er will und wann Er will.

❍

Wenn ein Kind im Internat die nahenden Schritte seiner Eltern vernimmt, lässt es alles hinter sich, um zu ihnen zu laufen. Es hängt an nichts in seinem Internat. Auch du sollst an nichts hängen an diesem Ort deines irdischen Aufenthalts.

❍

Du weißt doch, dass diese Erde ein Durchgangsort ist. Warum klammerst du dich so fest an diese Arbeitsstelle oder jene Position, an diesen Tisch oder jenen Stuhl...? Wirst du sie in den Himmel mitnehmen, um damit „die ewige Seligkeit“ zu genießen? Wie unvernünftig und wie verrückt!

❍

Es gibt eine Gebetsformel, die den Kindern Gottes Zuversicht geben soll. Bist du dir trotz Gewohnheit und Routine des tiefen Sinnes dieses Gebets bewusst, der sich nur den Christen offenbart: „Der lebt und herrscht in alle Ewigkeit“? Bei zahllosen Prüfungen und Drangsalen bleib voll Eifer und Vertrauen und bete wiederholt: „Ich glaube an die Auferstehung des Fleisches und das ewige Leben.“ Darin liegt das Geheimnis des Mutes der Christen.

❍

Bedenke, dass auch Berühmtheiten, Filmstars und Schönheitsköniginnen dem allgemeinen Schicksal der Verwesung unterliegen. Dann wirst du die Bedeutung des Wortes „Nichtigkeit“ begreifen und daraus eine Lehre ziehen.

❍

Sorge dafür, dass du an der Schwelle der Ewigkeit nicht bedauern musst, „die wahren Güter“ gegen falsche Waren eingetauscht zu haben.

❍

Erst im Himmel hört für den Apostel die mühsame Arbeit auf. Aber selbst dann wird er nicht aufhören, den Menschen zur Hilfe zu kommen.

❍

Der Apostel stirbt nicht. Sein Leben kann nicht zerstört, nur verwandelt werden. „Jetzt schauen wir in einen Spiegel und sehen nur rätselhafte Umrisse, dann aber schauen wir von Angesicht zu Angesicht" (1 Kor 13,12).

❍

Mitten in dieser Welt der Schmerzen, der Ungerechtigkeit und Verlogenheit bleib standhaft und verkünde in Gemeinschaft mit dem ganzen Volk Gottes: „Von dort wird er kommen, zu richten die Lebenden und die Toten. Seiner Herrschaft wird kein Ende sein."

❍

Du empfindest Trost, weil dein Richter auch dein gütiger Vater ist. Je gerechter er ist, desto sicherer fühlst du dich, weil er deine Schwäche berücksichtigt. Aber es wäre Missbrauch seiner Güte, wolltest du dich in Abenteuer auf den Weg der Sünde begeben.

❍

Bei den fürchterlichsten Prüfungen, äußerlich wie innerlich, denke an das Wort der Offenbarung: „Er wird alle Tränen von ihren Augen abwischen: Der Tod wird nicht mehr sein, keine Trauer, keine Klage, keine Mühsal. Denn was früher war, ist vergangen" (Offb 21,4).

❍

Luzia, Hyacintha und Franziskus, die Seherkinder von Fatima, haben das Grauen der Hölle gesehen und werden das Gesehene nie vergessen. Glaub an das Wort der Mutter Gottes. Verschließe deine Augen nicht vor der Existenz der Hölle, damit du nicht eines Tages die Augen öffnest und dich in ihr findest.

❍

Der modernste Computer heißt „Ewigkeit". Benutze ihn, um deine wichtigste Lebensentscheidung in deinem Leben zu treffen. Hass und Rache auf alle Ewigkeit in der Hölle?

Oder Liebe auf alle Ewigkeit im Himmel?

❍

Das Verhalten der Christen in der Urkirche, ihre Bereitschaft, für den Glauben zu sterben, war eine Revolution. Ein solches Zeugnis brachte die römische Welt zum Glauben an die Liebe Gottes und an das ewige Leben.

❍

Das Bewusstsein, dass das Leben schnell vergeht, soll nicht zu Entmutigung, Pessimismus und Gleichgültigkeit führen, sondern zu mehr Mut und größerem Tatendrang im Wettlauf mit der Zeit. Man sagt: Zeit ist Geld. Du aber, betrachte die Zeit als eine Gabe der Liebe, als ein Paradies.

❍

Alles, was nicht das Etikett „Ewigkeit" trägt, ist unechte Ware.

❍

Das Samenkorn, das ins Erdreich fällt, stirbt nicht. Aus ihm entsteht eine neue Ernte. Dann ernährt es die Menschheit. Auch das Korn stirbt nicht. Es entfaltet sich zu einem anderen Leben, das erhabener und schöner ist.

❍

Eigentlich sollte man nicht mehr das Wort „Beileid“ auf die Totenkränze schreiben lassen. Und in den Todesanzeigen sollte es auch nicht mehr heißen: „verstorben“, weil die Toten „in der Hoffnung auf Auferstehung ruhen“ und „sich des Lichtes des Angesichts Gottes erfreuen“.

❍

Für die Christen gibt es keine Toten. Alle unsere Verstorbenen leben. Sie sind wie wir Glieder des Leibes Christi; sie und wir leben in Kommunion miteinander durch den Glauben.

❍

29

Die Mühsal

*Wenn du der Mühsal entgehen willst,
dann strebe nicht nach Heiligkeit.*

Stürme können Bäume umreißen und dürre oder vom Holzwurm zerfressene Äste abbrechen. Sie können aber nicht den Baum des Kreuzes, der tief in der Erde eingepflanzt ist, entwurzeln.

Trauere jenen Ästen nicht nach. Auch ohne Stürme brechen sie ab, oder man wird sie abhauen, weil sie schädlich sind.

❍

Wo unser Herr Jesus auch hinkommt, gibt es eine Anzahl von Menschen, die für ihn zu sterben bereit sind und eine Anzahl von anderen, die entschlossen sind, ihn zu vernichten. Warum hegst du den Wunsch, von allen geliebt zu werden? Und warum bist du so betroffen, wenn manche dich hassen?

❍

Auf deinem Weg erlebst du mancherlei: duftende Blumen, prächtige Landschaften, Hindernisse und Gefahren, Raubtiere, Freunde, Räuber, Regen und Sonne. All das ist nicht zu vermeiden.

Geh aber standhaft deinen Weg, wie Franziskus, Cyrillus, Athanasius. Hauptsache ist, dass dein Herz von Gott erfüllt ist. Vergeude deine Zeit nicht und lass dich nicht aufhalten. Fürchte die Beschimpfung nicht, bettle nicht um Lob.

❍

Wenn Leid und Schmerz übergroß werden, dann schau auf das Kreuz, umarme es und du wirst schweigend standhaft bleiben wie die Mutter Maria. Bei deinen Prüfungen denke daran, dass diese Leiden nicht das Paradies aufwiegen können. Das ist auch die Denkweise, die Jesus uns gelehrt hat: „Selig, die arm sind vor Gott; selig die Trauernden; selig, die um der Gerechtigkeit willen verfolgt werden; denn ihnen gehört das Himmelreich."

❍

Du triffst auf Undankbarkeit. Hast du den Leuten Gutes getan, um ihren Dank zu ernten?

❍

Du klagst, dass deine Feinde dich ständig bedrängen, dir alles streitig machen und deine apostolischen Aktivitäten behindern. Hast du die Geschichte vom Unkraut im Weizen vergessen? Allem Unkraut zum Trotz soll der Weizen kräftig wachsen!

❍

Deine Aktivitäten werden eingeschränkt, dein Ruf ist gefährdet, du begegnest Widerstand von allen Seiten. Warte auf die Stunde des Herrn: „Die guten Äste wird mein Vater zurückschneiden." Junge Zweige werden hervor sprießen. Dein Baum wird blühen und viele Früchte tragen.

❍

In der Stunde seines Leidens nahm der Herr seine besonders geliebten Jünger mit: Petrus, Johannes und Jakobus. Hast du Angst, von Gott besonders geliebt zu werden?

❍

Wenn du leidest, sollst du vermeiden:

nachzuforschen, wer dein Leiden verursacht hat. Du solltest lieber demjenigen dankbar sein, der als das Werkzeug Gottes zu deiner Heiligung dient;

deine Beschwerden anderen Menschen vorzutragen. Du solltest zuerst dem Herrn im Sakrament der Eucharistie und seiner Mutter Maria dein Herz ausschütten;

dich an das vergangene Leiden mit Grimm und Rachsucht zu erinnern. Stattdessen solltest du es vergessen und nie wieder erwähnen und nur noch „Halleluja“ singen.

❍

Du ärgerst dich, weil es dir nicht gelingt, dich vor dem Feind zu rechtfertigen. Wundere dich nicht: „Sie werden euch töten, wie sie die Propheten getötet haben.“

❍

Wenn du den Schmerzen zu entkommen suchst, wirst du nicht zur Heiligkeit gelangen.

❍

Prüfungen formen jene, die der Herr für das Leiden ausgewählt hat, damit sie mit den Leidenden mitfühlen. So hat der Herr auch für die Menschheit gebetet, unter Tränen und Klagen.

❍

Im Paradies wirst du bedauern: „Hätte ich mehr Gelegenheit gehabt, den Herrn zu lieben und für ihn zu leiden!"

❍

Die Schmerzen sind am größten, wenn sie uns von Menschen zugefügt werden, die eigentlich Verständnis für uns haben und uns in Schutz nehmen sollten. Bleiben wir mit dem Herrn vereinigt, der ans Kreuz genagelt wurde und sich im Stich gelassen fühlte: „Mein Gott, warum hast du mich verlassen?"

❍

Mut und Geduld allein genügen nicht. Der Wert deines Leidens wird um so größer, je mehr du eins mit dem Leiden Christi wirst.

❍

Wenn du körperlich erschöpft bist, mach Pause. Wenn du die Sorgen ruhen lässt, sammelst du neue Kraft, und dein Handeln wird mehr Erfolg ernten. Die Grenzen deiner Gesundheit zu akzeptieren, dazu gehört viel Mut, und für deine Gesundheit zu sorgen, ist ein Zeichen von Weisheit.

❍

Zeit ist ein sehr wichtiger Faktor. Wenn etwas geschieht, bewahre deine Ruhe und vermeide Aufregung und Hektik. Denke nach und warte mit Geduld. Oft ist es so, dass man eine Sache mit größerer Objektivität und Klarheit sieht, wenn man sie eine Nacht überschlafen hat.

❍

„Selbst für ein Honorar von 10.000,- € pro Tag würde ich nicht diese Patienten behandeln“, sagte ein Arzt. „Und ich, Herr Doktor“, sagte eine Ordensschwester, „täte es nicht für eine Million € pro Stunde, geschähe die Arbeit hier nicht aus Liebe zu Gott. Aber weil ich Gott liebe, werde ich hier bleiben bis zum Tode.“

❍

Mühsal ist das tägliche Brot der Menschen. Aber was die Christen angeht: ihr Leben „verkündet den Tod des Herrn und seine Auferstehung“. Fühlst du dich angesprochen jedes Mal, wenn du dieses Wort aussprichst?

❍

Gute Taten vollbringen und darüber Schweigen bewahren.

❍

Du protestierst: „Das ist ungerecht!“ Du bist wütend und gequält, weil dir Unrecht geschieht. Denk aber nach: Was hat der Herr getan, dass man ihn kreuzigte? War das gerecht?

❍

Rosen und Lilien gedeihen dank dem Dünger, der sich prachtvoll in Duft und Farbe verwandelt. Auch dein Apostolat wird gedeihen, wenn Mühsal sich in Liebe verwandelt.

❍

Prüfung und Mühsal dienen als Passierschein in der Nachfolge des Herrn, damit man mit ihm auch das Glück und die Freude genießt. „Wer mein Jünger sein will, der verleugne sich selbst, nehme sein Kreuz auf sich und folge mir nach."

❍

Es gibt keine größere Prüfung als die des Herrn am Kreuz: in Agonie, vom Gefühl überwältigt, dass Gott der Vater ihn verlassen hatte. Den größten Schmerz seines Lebens musste unser Herr zum Ausdruck bringen: „Mein Gott, warum hast du mich verlassen?" Vereinige dich mit Jesus in den dunkelsten und schrecklichsten Augenblicken deines Lebens. Der Friede wird zu dir zurückkehren, und du wirst jenes Wort Jesu aussprechen können: „Vater, in deine Hände lege ich meinen Geist."

❍

„Kannst du meinen bitteren Kelch trinken?" Antworte: „Ich will freiwillig den bitteren Kelch bis zum letzten Tropfen austrinken, weil dieser Kelch dein ist und weil du ihn vor mir ausgetrunken hast."

❍

Je bitterer und voller der Kelch, desto deutlicher erscheint dein Zeugnis für die Liebe. Der Herr will dich an seinem Zeugnis teilhaben lassen. Er hat inniges Vertrauen zu dir.

❍

Wenn du versuchst, der Prüfung zu entkommen, wird sie dir unerträglich vorkommen. Akzeptierst du sie mit Mut, wirst du sie tragen können.

❍

30

Das glückliche Kind

Bedingung für den Eintritt in das Himmelreich:
Wie Kinder werden.

Waisen, die später in Reichtum und Überfluss leben, können glückliche Menschen sein, aber sie hatten keine glückliche Kindheit. Ein noch so armes Kind, das aber von seinen Eltern geliebt wird, ist ein glückliches Kind. Bist du dir dessen bewusst, dass du ein grenzenlos glückliches Kind bist: Gott dein Vater und Maria deine Mutter?

❍

Ein Erwachsener, der etwas erbittet, beruft sich auf seine Fähigkeiten und Verdienste. Ein Kind dagegen sagt einfach: „Ich bin das Kind so und so, der Frau so und so, aus dem Dorf so und so." Es fügt nichts mehr hinzu. Auch du sollst in einer solchen Unbekümmertheit beten: „O Gott, ich bin dein Kind! Mutter Gottes, ich bin dein Kind!"

❍

Ein Kind wird von seiner Mutter zum Einkaufen geschickt. Bei seiner Ankunft ist aber der Laden schon zu. Es klopft und klopft, bis der Ladeninhaber aufmacht, wütend und schon in Begriff, heftig zu schimpfen. Da er aber vor sich ein Kind sieht, verschwindet seine Wut und er fragt sanft und zuvorkommend: „Du Ärmstes! Was machst du noch hier zu dieser Stunde?“ Und das Kind bekommt alles, was es will. Mach es den einfältigen Kindern nach.

❍

Kinder kümmern sich nicht darum, ob ihre Eltern reich oder arm sind. Es genügt ihnen, zu wissen, dass sie ihre Eltern sind.

Wenn die Eltern bei ihnen sind, egal ob Krieg, Elend oder Gefahr, sie schlafen in aller Ruhe. Sie finden ihre sichere Zuflucht in der quasi allmächtigen Liebe ihrer Eltern. Auch du sollst dich genauso vertrauensvoll hingeben.

❍

Ein Kind kann noch so viele Fehler machen, seine Eltern lieben es nach wie vor, weil sie wissen, dass es kein schlechtes Herz hat.

Trotz seiner guten Vorsätze fällt es immer wieder. Aber was macht das? Nur sein guter Wille zählt. Ihm gegenüber sind die Eltern machtlos: „Mach keine Dummheit mehr!“ „Ja, Papa, ja, Mama!“ „Liebst du deine Eltern?“ „Ja, sicher!“ „Tausendmal?“ „Ja!“ „Zehntausend Mal?“ „Ja.“ Gott braucht nur deinen guten Willen. Seine Gnade wird dir helfen.

❍

Wenn du betest, geniere dich nicht, Gott um etwas zu bitten. Sei einfach und aufrichtig wie ein Kind. Es weiß, dass es geliebt wird, und deshalb steckt es seine Hand in die Jackentasche seines Vaters oder öffnet die Tasche seiner Mutter, um nach Süßigkeiten zu suchen. Hat der Herr nicht das Gleichnis des Kindes erzählt, das seinen Vater um Brot und Fisch bittet?

❍

Bist du müde und kannst dich nicht mehr konzentrieren? Wirst du dadurch entmutigt? Es genügt, dass du den Herrn liebst. Ob ein Kind vor den Augen seiner Eltern spielt, in ihrem Schoß sitzt, ob es sie anschaut oder in tiefem Schlaf versunken ist, gute Eltern finden ihr Glück darin, es zu lieben und zu verwöhnen.

❍

Das Kind versteckt sich nicht vor seinen Eltern und lügt nicht, wenn es Fehler begangen oder Gegenstände im Hause kaputt gemacht hat. Im Gegenteil, in Tränen sucht es seine Eltern auf, um seine Schuld zu bekennen. Anstatt das Kind zu tadeln und zu beschimpfen, nehmen es die Eltern in die Arme und trösten es mit liebevollen Worten. Ihr Kind ist ihnen wertvoller als die kaputten Sachen. Sei auch du dem Herrn gegenüber genauso unkompliziert und ehrlich.

❍

Ein Kind hält ein Bonbon fest in der Hand. Seine Eltern bitten es darum; aber es zieht die Hand zurück. Die Eltern bestehen darauf; das Kind zögert noch, weil ihm viel am Bonbon liegt. Aber dann streckt es seine Hand, öffnet sie langsam und gibt das Bonbon seinen Eltern. Die Eltern umarmen vor lauter Freude das Kind, das sich großzügig gezeigt und den Egoismus überwunden hat. Sie geben dem Kind nicht nur das Bonbon zurück, sondern schenken ihm noch mehr dazu. Auch der Herr ist glücklich über deine kleinsten Opfer.

❍

Nach dem Geist der Kinder Gottes leben, bedeutet nicht Schwäche und Passivität, sondern den geistigen Weg der Weisheit gehen:

leicht in der Schwierigkeit,
einfach in der Kompliziertheit,
sanft mit Entschlossenheit,
stark in der Schwäche,
und weise in der Torheit.

„Wenn ihr nicht wie die Kinder werdet, könnt ihr nicht in das Himmelreich kommen."

❍

Das Kinderherz ist nicht rachedurstig. Von den Eltern bestraft, weint das Kind zwar, aber vergisst auch sofort seine Schmerzen. Es schläft sanft ein auf den Armen derer, die es gerade bestraft haben. Vergiss auch du deinen Ärger und Hass im Bewusstsein deines unbeschreiblichen Glückes, in den sanften Armen deines himmlischen Vaters zu sein.

❍

Sei furchtlos; denn die Gnade Gottes ist es, die die Heiligkeit schafft. Sei furchtlos wie Kleinkinder. Nimm den Willen Gottes fröhlich an. Sei bereit, dem Willen Gottes zu folgen, egal wohin er dich führt. Liebe Gott mit deinem ganzen Herzen.

❍

Das Kind ist bereit, auf den Mond zu gehen, es begibt sich freiwillig in ein Raumschiff, vorausgesetzt, dass seine Eltern dabei sind.

❍

Ein Kindesherz zu bewahren, bedeutet nicht einfältige Naivität. Vielmehr bedeutet das: grenzenlos lieben, sich den Eltern vollständig anvertrauen. Alles tun, was die Eltern sagen, alles zurücklassen, um den Eltern zu folgen, den Eltern absolutes Vertrauen schenken. Mit Kühnheit und Standhaftigkeit verkünde als Christ deinen Stand als Kind Gottes.

❍

Das Kind behält nichts für sich. Es vertraut alles seinen Eltern an. Verlass dich auf den Herrn und seine heilige Mutter. Dein Glück wird dir sicher sein.

❍

Die größten Werke, die du vollbringst, sind nichts angesichts der Allmacht Gottes. Doch können deine unbedeutendsten Taten Wunderwerke sein, weil Gott in dein Herz sieht. Gott liebt dich wie jene Eltern, die ganz glücklich sind, wenn sie ihr Kind beim ersten Geh- oder Sprechversuch beobachten.

❍

Der Herr in der Eucharistie und seine heilige Mutter sind das Geheimnis deiner Stärke auf dem Weg der Hoffnung. Alle Sterne am Himmel zusammen, so gewaltig und leuchtend sie auch sind, können sich nicht mit dieser unserer kleinen Erde vergleichen.

❍

Die Zeit und die Schöpfung gehören Gott dem Herrn. Er ist Alpha und Omega, Anfang und Ende aller Dinge. Gott, der allmächtig und erhaben ist, sorgt für die Vögel am Himmel, die Fische im Meer, die Tiere im Wald und die Blumen auf dem Feld. Er zählt sogar die Haare auf deinem Kopf. Nur eins ist Gott wichtig: die Liebe.

Frieden und Glück den Herzen der Demütigen, die nach Unendlichem dürsten!

❍

Unsere Vorstellung vom Himmelreich ist zu kompliziert und schwierig! Unser Herr Jesus hat aber nur eine Bedingung gestellt: „Wenn ihr nicht umkehrt und wie die Kinder werdet, könnt ihr nicht in das Himmelreich kommen."

❍

Der Gedanke, dass du dich dem Herrn vollständig anvertrauen sollst, braucht dich nicht zu ängstigen. Es ist nichts Schwieriges dabei! Auch wenn du nicht weißt, wohin Christus dich führen und was für Überraschungen er für dich noch bereithalten wird, brauchst du nur zu wissen, dass Gott dein Vater ist. Und das genügt!

❍

31

Die Nächstenliebe

Die Nächstenliebe ist das Gewand der Christen.

Bevor du ein Urteil fällst, sollst du beten und dann das tun, was Jesus in deiner Situation tun würde.

❍

Auch wenn du dich von deinem Zuhause entfernst, um den Dienst der Liebe auszuüben, ist es noch nicht sicher, dass dich wahre Nächstenliebe dazu treibt. Nur wenn du die gleiche Sendung in deiner unmittelbaren Nachbarschaft bei den Leuten, die dich täglich sehen und hören, erfüllst, dann ist deine Nächstenliebe glaubwürdig.

❍

Der Hang, sich zu beklagen, ist eine ansteckende Epidemie, deren Symptome sind: Pessimismus, Verlust des inneren Friedens, Verdächtigung, Mutlosigkeit, mangelndes Verlangen nach Gott.

❍

Sich in goldene Spendenbücher eintragen, Lose der Wohltätigkeitslotterien kaufen, gebrauchte Kleidungsstücke verschenken, das sind Nächstenliebe-Aktionen, mit denen man die eigene Ruhe erkauft. Die Liebe ist dagegen schwerer. Die Eintragung in die goldenen Bücher, die Lotterie-Lose, die gebrauchten Kleidungsstücke: gib alles aus ganzem Herzen!

❍

„Ich kann nichts an Nächstenliebe tun, weil mir das Geld fehlt!“ Es gibt nicht nur das Geld. Es gibt auch Taten der Liebe, wie ein Lächeln, ein Händedruck, einen Besuch, sowie Verständnis und Gebet.

❍

Warte nicht bis zum letzten Augenblick, um Versöhnung zu suchen. Und verteile deinen Besitz nicht erst auf dem Sterbebett. Das ist Nächstenliebe unter Druck und Zwang, sozusagen unvermeidliche Nächstenliebe. Du wirst es bedauern, dass deine Liebe so verspätet kommt.

❍

Die Menschen brauchen deinen Besitz nicht. Was sie brauchen, sind nicht so sehr deine Spenden als dein Verständnis und deine Liebe.

❍

Sei nicht verärgert, wenn man dich kritisiert. Sei vielmehr dankbar, dass man so viele andere deiner Unzulänglichkeiten verschwiegen hat.

❍

Im brüderlichen Geist zu leben ist sehr schön. „Denn wo zwei oder drei in meinem Namen versammelt sind, da bin ich mitten unter ihnen.“ Der Herr weiß, wie schwierig das ist. Deshalb fordert er auch nur das Minimum, er verlangt nicht mehr als „zwei oder drei“.

❍

Ein Leben in brüderlicher Gemeinschaft ist Prüfstein und Stütze zugleich. Die Bäume im Wald dienen einander als Stütze im Sturm, um nicht umzufallen.

❍

Unermesslich ist der Schaden, den ein Betrunkener anrichten kann: Schlägerei, Verkehrsunfall, Brandstiftung, Totschlag. Wenn du dich aber an Leidenschaft oder Hass berauschst, dann verursacht der Verlust deines Urteilsvermögens noch größere Schäden.

❍

Der Herr verlangt von seinen Jüngern nur eine „Bekleidung“, die billig aber schwer zu finden ist: „Daran werden alle erkennen, dass ihr meine Jünger seid: wenn ihr einander liebt.“

❍

Wo Liebe herrscht, dort ist Gott. Wo Hass zu Hause ist, dort findet man die Hölle.

❍

Sammelst du unter dem Vorwand, zu helfen und zu beraten, Informationen über die einen, um sie an andere weiterzugeben? Das wäre die Nächstenliebe eines Denunzianten.

❍

Es genügen Sekunden, damit irgendjemand ein Meisterwerk von Raffael zugrunde richtet, ein Gemälde, dem der Meister so viel Zeit und Mühe gewidmet hat. Niemand ist fähig, Raffaels Werk wiederherzustellen. So kann man auch den Ruf einer Person für immer zerstören.

❍

Der Herr sagt: „Wenn du deine Opfergabe zum Altar bringst und dir dabei einfällt, dass dein Bruder etwas gegen dich hat, so lass deine Gabe dort vor dem Altar liegen; geh und versöhne dich zuerst mit deinem Bruder, dann komm und opfere deine Gabe." (Mt 5,23) Du aber tust das Gegenteil: Du fährst im Opfern fort und verkündest deinen Streit sogar über Lautsprecher, damit alle es wissen. Nur eines meidest du konsequent: die Begegnung mit dem Betroffenen. Das ist deine Version der Frohen Botschaft!

❍

Du proklamierst die Notwendigkeit des Dialogs, aber du duldest nicht, dass man dir widerspricht. Das ist ein geplanter und unechter Dialog. Besser gesagt: ein Monolog zu zweit.

❍

Du findest es absurd, dass ein Arbeiter einen Ingenieur oder einen Architekten beim Brücken- oder Hausbau belehren oder ein Krankenpfleger einen Arzt bei der Operation leiten will. Warum willst du deinen Vorgesetzten kritisieren, der mehr Voraussetzungen, Erfahrungen und Fähigkeiten hat, über mehr Berater verfügt und Gottes Beistand hat?

❍

Liebt einander nicht durch Worte sondern in Taten. Liebt einander so, dass deine linke Hand nicht weiß, was die rechte tut (vgl. Mt 6,3). „Liebt einander, so wie ich euch geliebt habe." (Joh 13,34)

❍

Es gibt viele Arten von Nächstenliebe:

die Nächstenliebe, die viel Lärm um sich macht: das ist die Nächstenliebe der Lautsprecher;

die Nächstenliebe, die Werbung für die eigenen Verdienste macht: Nächstenliebe der Banken;

die Nächstenliebe der Nahrungsverteilung: Nächstenliebe des Tiergartens;

die Nächstenliebe der Menschenverachtung: Nächstenliebe der egoistischen Arbeitgeber;

die Nächstenliebe, die den eigenen Standpunkt durchsetzt: Nächstenliebe der Despoten;

all das ist Nächstenliebe laut Etikett, verfälschte Nächstenliebe.

❍

Ein ungerechtes Wort aus dem Mund eines Gerechten ist besonders schädlich. Es wirkt wie das Gift aus der Hand eines Arztes. Je mehr es verbreitet wird, desto mehr Menschen wird es töten.

❍

Ein Ordensmann hat nur noch ein Privateigentum: seinen Ruf. Wer diesen Ruf zerstört, ist ein Rufmörder.

❍

Wenn du diejenigen lobst, die dich loben, diejenigen akzeptierst, die dir nicht widersprechen, mit denjenigen verkehrst, die deine Meinung teilen, dann ist das weder Nächstenliebe noch Scharfsinn. Ein Blinder läßt sich durch einen Blinden führen!

❍

Wenn es in einer Gemeinde einen „Heiligen“ gibt, dann gibt es auch durch diesen Heiligen viele Märtyrer in dieser Gemeinde.

❍

Versetze dich einmal an die Stelle des anderen, dann wirst du merken, wie unangemessen deine feierlichen und unverantwortlichen Erklärungen sind. Du wirst nach und nach vorsichtiger in deinen Äußerungen.

❍

Leichter gesagt als getan! Jeder findet an der Gegenwart etwas auszusetzen, jeder trauert der Vergangenheit nach und rühmt seine Zukunftsprogramme. Doch wenn deine Zukunft Gegenwart wird, warum willst du dann Kritik verbieten?

❍

Meinen schlechten Charakter halte ich für Tugend, und den guten Willen der anderen bezeichne ich als Schwäche.

❍

Dir mangelt es nicht an Schwächen. Warum empörst und beschwerst du dich über die Schwächen anderer?

❍

Die Nächstenliebe ist der zuverlässigste Test für deine Liebe zu Gott.

❍

Deine Nächsten lieben bedeutet nicht, ihnen schmeicheln und sie verwöhnen. Manchmal musst du ihnen sogar wehtun zu ihrem Nutzen und im Interesse der Wahrheit.

❍

Die Liebe, die uns Jesus lehrt, ist keine Sache des Gefühls, denn er lehrt uns sogar, unsere Feinde zu lieben. Die Nächsten lieben bedeutet: ihnen aufrichtig Gutes wünschen und alles tun, damit sie glücklich werden. Das verlangt von dir restlose Selbstvergessenheit.

❍

Du musst ein Geschenk in Gottes Hand sein, das Gott immer verschenken kann, egal an wen. Ein Geschenk, das jeder Gutgesinnte schätzt und begehrt.

❍

Der größte Irrtum besteht darin, in den anderen nicht Christus zu sehen. Viele werden erst am Jüngsten Tag diese Wahrheit entdecken.

❍

Jeder Mensch ist eine eigene Persönlichkeit. Es gibt keine zwei identischen Personen. Du darfst nicht alle über einen Kamm scheren. Ein Menschenleben ist keine Stereo-Kassette, die man beliebig in Serien reproduzieren kann.

❍

Wir sollen, der Gebende wie der Empfangende, einander dankbar sein. Die Empfänger, weil sie Liebe und Hilfe erfahren dürfen, die Gebenden, weil sie die Möglichkeit haben, in der Liebe zu wachsen.

❍

Warum sitzest du jeden Tag zu Gericht und zwingst deine Brüder an dir vorbeizuziehen? Warum sehe ich dich immer auf dem Richterstuhl sitzen und niemals auf der Bank der Angeklagten?

❍

Ersetze dein Diplomaten-Lächeln durch das ungezwungene Lächeln des Christen.

❍

Karitative und soziale Werke sind sehr gut und sehr notwendig. Aber in diesem Atomzeitalter können wir nicht von authentischer Liebe sprechen, solange wir noch nicht mit vollem Engagement fordern, dass neue Strukturen für die Befreiung der Menschen geschaffen bzw. alte Strukturen, die diese Befreiung verhindern, geändert werden, damit die Menschen zu einem menschenwürdigeren Dasein gelangen.

❍

Es wäre leichter, wenn Gott uns nur die Liebe zu Gott aufgetragen hätte. Aber er schreibt auch die Liebe zu den Mitmenschen vor, die uns so wichtig sein soll wie die Liebe zu Gott. Das ist äußerst schwierig und kompliziert die Sache für viele Menschen.

❍

Warum meißelst du die fremden Sünden in Stein, während du deine eigenen in den Sand schreibst?

❍

Verlangt deine Umgebung, dass du unauffällig im Schweigen handelst, dann passe dich ihr an und säe überall, wohin du auch kommst, Liebe aus. Später wirst du mit Staunen feststellen, dass das Samenkorn der Liebe sich hundertfach vervielfältigt hat in den Herzen der Menschen, die Gott dir auf dem Weg der Hoffnung begegnen ließ.

❍

Worin besteht die Seligkeit einer Fraternität? „Selig, die um der Gerechtigkeit willen verfolgt werden." Genauso ist es. Es handelt sich um Verfolgungen, die systematisch geplant und organisiert sind. Diese Verfolgungen aber bringen euch die Erlösung, weil sie euch teilhaben lassen am Sinn der Geschichte und am Auftrag der Kirche: die Welt zu erneuern.

❍

Eine authentische Bruderschaft ist eine Communio. Sie bewirkt keine Vereinzelung der Menschen. Im Gegenteil, sie verhilft ihnen zu ihrer menschlichen und ganz persönlichen Entfaltung.

❍

Früher hieß Ordensleben: fasten, Askese üben, früh aufstehen, spät zu Bett gehen und das Gebot des Schweigens beachten. Heute heißt Ordensleben: mitten in einer Bruderschaft leben, Versammlungen beiwohnen, Meinungen austauschen, kooperieren.

❍

Jeden Abend, bevor du dich schlafen legst, musst du sagen können: heute, durch den ganzen Tag hindurch, habe ich geliebt.

❍

Wer, zu welchem Zweck auch immer, Ohrenbläserei und üble Nachrede einsetzt, wer Hass und Zwietracht stiftet, kann seinen Widerspruch zum Evangelium nicht verbergen. Denn „Gott ist die Liebe“.

❍

Nimm ein Stück Papier und schreibe die guten Eigenschaften eines Menschen auf, der dich ärgert. Du wirst sehen, dass er nicht so schlecht ist, wie du es vorher gedacht hast.

❍

Warum beschwerst du dich, wenn man sich für deine Wohltat nicht erkenntlich zeigt? Geht dein Verdienst etwa dadurch verloren? Oder willst du, dass Gott sich bei dir bedankt? „Was ihr für einen meiner geringsten Brüder getan habt, das habt ihr mir getan.“ (Mt 25,40)

❍

Warum gehst du so geizig um mit einem Lob und bist so sparsam mit einem Lächeln, einem Händedruck? Es gibt so viele Menschen, die weniger dein Geld brauchen als dein Herz.

❍

Wenn du deine karitativen und sozialen Werke nicht um Gottes Willen vollbringst, dann bist du nichts anderes als ein Angestellter einer Wohlfahrtsorganisation.

❍

Die Nächstenliebe kennt keine Grenzen. Begrenzt wäre sie keine Nächstenliebe mehr.

❍

Deine Hilfeleistungen soll eine große Liebe begleiten, damit die Empfänger deiner Wohltaten die Beschämung verzeihen, dir verpflichtet zu sein.

❍

Nach jedem Wunder sagte Jesus den Leuten, sie sollten nichts davon erzählen. Viele Menschen aber wollen, dass man ihre Taten der Nächstenliebe erfährt, auch wenn sie kein Wunder wirken.

❍

Klage nicht, dass der Kaffee bitter ist, sondern sieh ein, dass dein Zucker nicht süß genug ist.

❍

Eine noch so hoch entwickelte und stabile Maschine geht kaputt, wenn sie nicht geölt wird. Du musst für genug Öl der Nächstenliebe sorgen, damit deine Maschine reibungslos funktioniert und nicht defekt wird.

❍

Die Nächstenliebe ist die Fortsetzung der Liebe Gottes zu den Menschen.

❍

Du musst in aller Aufrichtigkeit sagen können: „Ich betrachte niemanden als meinen Feind, auch diejenigen nicht, die mich am stärksten hassen, die mich verfolgen und einkerkern, die meine Vernichtung beschlossen haben. Ich betrachte sie als meine Geschwister."

❍

Bist du gut und hält man dich für schlecht, bleibt deine Güte unberührt. Bist du arm und hält man dich für reich, bleibt deine Armut bestehen. Warum lässt du den Ärger über die öffentliche Meinung deine Gesundheit beeinträchtigen?

❍

Es gibt Menschen, die Zeitungen für die Veröffentlichung von Artikeln bezahlen, die ihre imaginären Talente und ihre erfundenen Verdienste anpreisen oder ihre Feinde mit fiktiven Verbrechen anschwärzen. Willst du auch mit solchen Mitteln den Herrn irreführen?

❍

Ordensleute können ein heiliges Leben führen durch vielerlei Mittel: Fasten, Askese, Exerzitien, Beachtung der Ordenssatzung. Laien haben nur einen Weg zur Heiligkeit: die Nächstenliebe.

❍

Die Nächstenliebe ist die unaufhörliche Praxis der Vollkommenheit: Vollkommenheit der Zunge, des Herzens, der Augen, der Ohren, des Geistes ... Du gibst dich voll und ganz der Aktion hin; aber lass dich dabei stets von der Nächstenliebe leiten, wie Jesus selbst.

❍

„Im Hause meines Vaters gibt es viele Wohnungen". Wie tiefsinnig ist dieses Wort des Herrn! Du solltest nicht alle Menschen über einen Kamm scheren, sondern jede Seele individuell sehen. Behandle Menschen nicht wie bloße Nummern, wie materielle Größen, die man zusammenaddiert, um zu einer Lösung zu kommen. Wenn es um Menschen geht, machen zwei und zwei nicht immer vier. Manchmal wiegen zwei Melonen vier Kilo, manchmal braucht man dazu sechs Melonen.

❍

Nächstenliebe bedeutet, dass man eine Gemeinschaft bildet, in der neue zwischenmenschliche Beziehungen entstehen. Aus den neuen Beziehungen ergibt sich eine neue Welt.

❍

Nächstenliebe bedeutet nicht nur lieben und verzeihen. Sie bedeutet vielmehr ein ganzes Aktionsprogramm, das auf eine neue Atmosphäre zielt, in der Gemeinde des Dorfes, der Nation und der Menschheit.

❍

Zuerst gilt es, eine Welt von Bestien in eine menschliche Welt zu verwandeln, danach die menschliche Welt in eine Welt der Gotteskinder.

❍

Es genügt nicht, niemanden zu hassen, die Nächsten zu lieben und ihnen beizustehen. Die Einheit in der Liebe und im Handeln muss noch hinzukommen. So hat Jesus gebetet: „Wie du, Vater, in mir bist und ich in dir bin, sollen auch sie in uns sein, damit die Welt glaubt, dass du mich gesandt hast.“ (Joh 17,21)

❍

Am Kreuz wurde Jesus im Stich gelassen; aber auch in allen leidenden Brüdern und Schwestern auf der ganzen Welt wird er im Stich gelassen.

❍

Am Jüngsten Tag wird Gott nach der Nächstenliebe richten, nicht nach großartigen Erfolgen.

❍

Sprich nichts Böses über Abwesende. Das ist feige. Rede so, als ob all deine Worte auf Tonband aufgenommen würden, handle so, als ob man dein Verhalten filmen würde.

❍

Wenn du nicht konsequent das Vermächtnis Jesu erfüllst, das heißt tätige Nächstenliebe übst, dann bist du ein pietätloses, unglückseliges Kind.

❍

32

Das Alltägliche

Gewöhnliche Dinge
mit außergewöhnlichem Eifer vollbringen.

Man kann kleine Dinge mit kleinem Eifer, große Dinge mit großem Eifer tun; aber auch große Dinge mit kleinem Eifer, und kleine mit großem. Von diesen Alternativen sollst du die letzte wählen: Leicht ist die Treue in großen Dingen; schwer ist es dagegen, im Kleinen treu zu bleiben. Die Treue hat Jesus geboten.

❍

In den Augen der Welt gelten die Taten der Mutter Gottes als unbedeutend: ihr Tun an der Krippe, vorher ihre Hilfe bei Elisabeth, dann ihr Tagwerk in Ägypten und in Nazaret, ihr Tempelgang in Jerusalem, die Beisetzung des heiligen Josef, ihre Demütigung und ihr Leiden auf Golgota. In der übernatürlichen Ordnung sind aber diese Taten außergewöhnlich, weil Maria sie aus Liebe zu Gott vollbrachte.

❍

Ein Kind in die Arme zu nehmen, ist etwas Unbedeutendes. Für das Kind selbst aber ist es ein großes Glück, von der eigenen Mutter in die Arme genommen zu werden, ein Glück, das es mit nichts auf der Welt eintauschen will.

❍

„Das Geheimnis meines Lebens: alles mit einfältiger Seele annehmen; es gibt einfache, unbedeutende Gedanken, die aber tief greifende Wirkung haben" (Johannes XXIII).

❍

Es gibt keine unwürdigen Arbeiten, es gibt nur unwürdige Seelen.

❍

Bei einer Gott liebenden Seele werden unbedeutende Handlungen zu erhabenen Taten: Wer im Namen des Herrn auch nur ein Glas Wasser schenkt, wird im Paradies belohnt werden.

❍

Um heilig gesprochen zu werden, muss man „heroische Tugend" vorweisen. Heroisch, heldenhaft ist, wer das ganze Leben hindurch aus Treue und Liebe zu Gott unbedeutende Dinge vollbringt. So hat die heilige Theresia vom Kinde Jesu ihr ganzes Leben gelebt.

❍

Um heilig zu werden, brauchst auch du nur die unbedeutenden Dinge zu tun, die manchmal sinnlos erscheinen, vorausgesetzt, dass du sie aus ganzer Liebe zu Gott vollbringst.

❍

Wenn du dir nur große Dinge aussuchst und kleine vernachlässigst, dann läufst du Gefahr, dich vom Weg der Hoffnung zu entfernen. Gott hat denen

Glück und Seligkeit versprochen, die in kleinen Dingen ihre Treue bewahren.

❍

Sieh dir einen prachtvollen Riesenbaum an. Bedenke, dass er vor Hunderten von Jahren als ein winziges Korn begonnen hat.

❍

Niemand kann von heute auf morgen ohne Anstrengung den Gipfel des Himalajas erklimmen, noch gar auf den Mond gelangen. Große Anstrengungen, Übungen, Gefahren gab es täglich. Viele Tage waren zu bestehen, um das Ziel zu erreichen.

❍

Du sagst: du wartest auf die richtige Gelegenheit, dann wirst du große Dinge tun. Wie oft wohl werden sich in deinem Leben passende Gelegenheiten bieten? Nütze jeden Tag die Gelegenheit, um kleine Dinge in großartiger Weise zu erledigen.

❍

Viele fahren auf die Dachterrasse der Wolkenkratzer in Manhattan, um die ultramoderne Architektur zu bewundern. Wer aber denkt dabei an die einzelnen kleinen Eisenstücke, die winzigen Sandkörner, die kleinen Backsteine, die zusammen das solide Fundament schaffen und die Last des Gebäudes tragen?

❍

Blick einmal durch ein Mikroskop: ein Tröpfchen Wasser funkelt strahlender als ein Diamant, und eine

Mikrobe erscheint in Furcht erregender Gestalt: unterschätze die kleinen Dinge nicht.

❍

Kleine Taten werden durch Schweiß und Tränen wertvoll, unbedeutende Handlungen werden durch Liebe bedeutsam. Das liebende Kind will seinen abgetragenen Pullover gegen kein noch so kostbares Kleidungsstück eintauschen, weil für es jeder Nadelstich an seinem Pullover ein Beweis der mütterlichen Liebe darstellt.

❍

Die Tage deines Lebens bilden eine Art „Rosenkranz“ aus unbedeutenden Handlungen, die durch eine Kette der Liebe und des Gebets zusammengehalten werden.

❍

Ein wohlklingendes Musikstück, ein schönes Gemälde, ein zauberhafter Teppich entstehen aus einzelnen einfachen Tönen, Pinselstrichen, Wollfäden. Aber es bedarf des geduldigen Schaffens eines talentierten Meisters, damit das Werk entstehen kann.

❍

Mit fünf Broten und zwei Fischen, die einem Kind gehörten, hat der Herr ein Wunder bewirkt und fünftausend Menschen gesättigt. Der Herr kann immer in seiner Allmacht Wunder wirken, aber er schätzt deine willige Mitarbeit.

❍

Der Herr hat die Samariterin um Wasser gebeten; er hat sich einen Esel für seinen Einzug in Jerusalem, für seine Predigt ein Boot sowie für seine Eucharistiefeier einen Raum ausgeliehen; er beobachtete, wie eine Witwe eine Münze in den Opferkasten warf; die Eigentümer hätten sich nie gedacht, dass solche Lappalien ihnen so große Ehre bringen würden.

❍

Eine noch so bescheidene Handlung kann eine freundliche, liebevolle Atmosphäre schaffen, die weder Arbeit noch Geld erfordert und die nicht einmal für die Augen sichtbar ist. Der Mond ist zwar schön, aber niemand kann da oben leben, weil es dort keine Atmosphäre gibt.

❍

Auf dem Weg der Hingabe gibt es keine Tat, die unbedeutend ist. Jedes kleinste Tun für die anderen oder um der anderen willen ist ein Schritt der Liebe zur Liebe. Sie trägt zur Entfaltung des Menschen bei.

❍

Von dem, was Jesus und seine Mutter während dreißig Jahren in Nazaret getan haben, wissen wir nichts, weil es keinen Bericht darüber gibt. Im Himmel werden wir wohl mehr darüber wissen.

❍

Wir können uns aber denken, dass diese dreißig Jahre vom Mysterium der Kommunion und des Einsseins erfüllt waren. Man kann das nicht nach dem Maßstab der menschlichen Liebe verstehen, weil es sich hier um das Geheimnis der göttlichen Liebe handelt.

❍

Dreißig Jahre in stiller, liebender Übereinstimmung in gleichsam wortlosen Gesprächen zwischen dem Sohn Jesus und den Eltern Maria und Josef. Und gemeinsam richteten sie ihren Blick auf Gott, den Vater. Dreißig Jahre des Glückes und unbedeutender Handlungen, die sie in Communio miteinander in der gemeinsamen übernatürlichen Ausrichtung vollbrachten.

❍

Selbst wenn du den Märtyrertod erleidest, wenn du der Verbrennung ausgeliefert wirst, wenn du als Apostel in allen Sprachen der Menschen und der Engel predigen kannst, selbst wenn du karitative Werke vollbringst und dein ganzes Eigentum den Armen schenkst: hast du dabei die Liebe nicht, dann nützt es dir nichts (vgl.1 Kor 13,3). Wichtig ist nicht, was du tust, sondern wie du es tust.

❍

Du hast die Wahl zwischen zwei Weisen, wie du den gegenwärtigen Augenblick leben kannst: deinen oder Gottes Willen tun.

❍

33

Die Führungskraft

Führungskraft ist der,
der sich zum freiwilligen Diener macht.

Auf dem Weg der Hoffnung bedarf es der Führungskräfte. Man nennt sie Führer, Leiter oder Chefs, das heißt, sie übernehmen die Leitung und gehen voran. Ohne das Haupt, das denkt, werden die Glieder verkümmern, die Überzeugungen schwinden, die Energie erschöpft sich. Es herrscht dann das Chaos und das Werk scheitert.

❍

Führungskraft ist derjenige, der Wissen, Willen und Durchsetzungskraft besitzt und zugleich die anderen zum Wissen, Wollen und Verwirklichen motiviert.

❍

Führen heißt dienen: dem Herrn, den Mitarbeitern und dem gemeinsamen Wohl. Führungskraft ist der, der sich zum freiwilligen Diener macht.

❍

Jesus Christus hat Feuer auf die Erde gebracht und wollte, dass es überall brenne. Mit deinem Engagement sollst du wie eine brennende Fackel sein, die andere Fackeln entzündet, damit das Feuer sich ausbreitet, bis die ganze Welt in ein Meer des Lichtes verwandelt wird.

❍

Nimm in Demut und Großmut die Rolle der Führungskraft in deiner Umgebung an, wenn Gott dich dazu berufen hat. Das ist ein erhabener, bedeutsamer Auftrag. Sei dir des Glücks der Apostel bewusst, denen der Herr sagte: „Ich werde aus euch Menschenfischer machen."

❍

Du musst an deine Sendung glauben, wenn du die anderen überzeugen und das eigene Feuer auf sie übertragen willst.

❍

Wenn es dir nicht gelingt, deinen Pessimismus, deine Verzagtheit und Schüchternheit zu überwinden, dann übernimm kein Leitungsamt.

❍

Der Leiter ist die Verkörperung der Autorität. Der Vorgesetzte muss sich seines Führungsauftrags bewusst werden, des Auftrags, die Autorität zu repräsentieren und ihr Respekt zu verschaffen. Auf diese Weise stellt er sich in den Dienst der Menschen.

❍

Das größte Unglück für dich als Leiter ist, dass du Angst hast, als ein Leitender zu sprechen und zu handeln.

❍

Hör dir die Meinungen anderer an, aber sei nicht von diesen Meinungen abhängig.

❍

Nur mit zeitgemäßen und wirkungsvollen Ideen kannst du deiner Führungsrolle gerecht werden.

❍

Setz deine Willensstärke ein, um dich zu konzentrieren, dann entscheide mutig und zur rechten Zeit.

❍

Es ist völlig nutzlos, viele Ideen zu haben, aber keine Entscheidung zu treffen. Eine wirkliche Führungskraft fasst nur wenige Pläne, verwirklicht sie aber alle.

❍

Du musst wissen, was du willst, aber dann wollen mit aller Entschlossenheit. Ohne Entschlossenheit wirst du deine Mitarbeiter lähmen. Überlässt du ihnen die Entscheidung, dann herrschen Verwirrung und Chaos.

❍

Führen heißt, sich der Disziplin unterwerfen. Der Leiter versucht, die Weisungen der eigenen Vorgesetzten zu verstehen, sie mit Klarsicht zu befolgen, Mittel und Wege für deren Verwirklichung zu finden; und er besitzt genug Energie, um die Hindernisse zu überwinden.

❍

Wenn du deine Vorgesetzten kritisierst, dann zerstörst du die Motivation deiner Mitarbeiter, säest Zwietracht unter ihnen. Damit ermunterst du sie gerade dazu, deine Methode in Zweifel zu ziehen und deine Schwächen zu kritisieren.

❍

Es gibt keine Arbeit, die kein Kreuz in sich birgt. Wenn du dein Kreuz nicht zu tragen vermagst, dann wirst du nichts erreichen.

❍

Als Führungskraft musst du einen klaren Kopf behalten. Dafür brauchst du Entspannung und Ruhe. Sich entspannen können ist die notwendige Kunst, um Unüberlegtheit und Gereiztheit zu vermeiden und Selbstbeherrschung zu bewahren.

❍

Der Leiter hat Mut und ist fähig, bei allen Ereignissen, immer und überall Ruhe zu bewahren. Nur so kann man in jeder kritischen Situation Herr der Lage bleiben.

❍

Überarbeitung führt zum Verlust der Fähigkeiten. Ununterbrochene geistige Spannung führt zum Verlust der Seelenruhe. Auch wenn du sehr beschäftigt bist und gerade, weil du sehr beschäftigt bist, musst du dir Zeit zum Nachdenken nehmen, zum Lernen und vor allem zum Beten. Dann wirst du deinen Frieden finden.

❍

Keine Sekunde sollst du vergeuden, kein Wort zuviel reden, keine Gelegenheit ungenutzt lassen. Dann werden deine Beobachtungen schärfer und tiefgründiger, dein Wille stärker. Du selbst wirst bei den Menschen größere Anerkennung ernten.

❍

Persönlich Disziplin halten, dein Leben organisieren, den Wert aller Dinge unterscheiden: das sind die Bedingungen, die dir helfen, würdig und heroisch deinen Führungsauftrag zu erfüllen. Und dadurch vermittelst du auch Standhaftigkeit und Vertrauen in den Augenblicken der Verwirrung und Ängstlichkeit.

❍

Klar und richtig sehen; fähig sein, über Menschen, Sachen, Situationen zu urteilen. Diesen Realismus brauchst du, um einwandfreie, sachgemäße Führungsarbeit zu leisten.

❍

Nur Schemata anzuwenden ist Automatismus; in Bürokratie zu verschlafen Anachronismus, sich in Details zu verlieren Engherzigkeit.

Was du brauchst, ist:
Überblick, flexible Anpassung, Fähigkeit, das Schlechte zum Guten umzuwandeln.

Ferner brauchst du:
Berater, Experten und vor allem deine eigene Willensstärke.

❍

Pflege und entwickle deine Fähigkeiten, um wirksamer zu dienen.

❍

Als Führungskraft mit mangelnden Fähigkeiten verlierst du nicht nur deine Autorität, sondern auch deine Redlichkeit.

❍

Verlange nicht, dass dein Vorgesetzter alle Fähigkeiten besitzt, weil du niemals einen idealen Vorgesetzten finden wirst. Bist du dagegen selber Vorgesetzter, so musst du Mittel und Wege finden, um deine Fähigkeiten unaufhörlich weiterzuentwickeln.

❍

Um alle Aktivitäten wirksam zu leiten, um alle Anstrengungen auf das Ziel hin zu konzentrieren, muss der Vorgesetzte die Fähigkeit besitzen, die leitenden Grundsätze zu erkennen, einen umfassenden Überblick und einschlägige Kenntnisse über alle Abteilungen seiner Organisation.

❍

Jedes Individuum ist ein „Mysterium“. Um Menschen zu führen, musst du jeden Mitarbeiter kennen, in seinen Bedürfnissen und Interessen, seinem Charakter und seinen Reaktionen, ihn richtig einschätzen und richtig einsetzen.

❍

Der Herr hat drei Jahre lang ununterbrochen mit seinen Jüngern zusammen gelebt. So sollst du auch das Leben deiner Mitarbeiter, ihre Gefühle in Freude und Leid teilen und jeden einzelnen gründlich kennen. Das Ergebnis wird dich ins Staunen setzen: Eintracht wird unter ihnen herrschen und sie werden optimale Leistungen erbringen.

❍

Versuche dich immer in die Lage deiner Mitarbeiter zu versetzen. Tausche mit ihnen in ehrlicher Freundschaft Gedanken aus. Sei zuvorkommend und zeige ihnen, dass du sie verstehst und dich um sie kümmerst. Dein menschliches und liebevolles Verhalten wird ihr Herz erobern: sie werden dich lieben und dir vertrauen.

❍

Deine wahren Verdienste zeigen nicht die Orden auf deiner Brust, Lobreden über dich oder Auszeichnungen. Sie sind vielmehr in den Blicken und im Herzen deiner Mitarbeiter festgeschrieben.

❍

Hast du das Herz deiner Mitarbeiter erobert, dann werden sie dir mit ihrer ganzen Kraft folgen, weil sie wissen, dass du sie aufrichtig und von ganzem Herzen liebst und dich für sie rückhaltlos einsetzest. Wenn du nicht die Liebe zum Führungsprinzip machst, dann wirst du gezwungen sein, die niedrigere Methode der Gewalt anzuwenden.

❍

Hat ein Chef das Herz der Mitarbeiter erobert, kann er sich erlauben:

sich ihren Blicken auszusetzen, ohne Angst, etwas zu verlieren,

sich auf ihre Ebene einzulassen, ohne die Würde seiner Stellung zu beeinträchtigen,

sich freiwillig zu demütigen, ohne die Autorität und den Respekt einzubüßen,

höchsten Einsatz zu verlangen und trotzdem bedingungslosen Gehorsam zu erhalten.

❍

Du darfst nicht vergessen, dass dein Mitarbeiter ein Mensch ist, eine Person, ein Kind Gottes. Nur er kann über sich selbst und Gott über ihn verfügen. Niemand darf ihn als Eigentum, als eine Art Rad im Getriebe betrachten.

❍

Ein selbstloser Vorgesetzter ohne Überheblichkeit arbeitet auch für seinen Nachfolger, gleich wer das ist. Stelle das kontinuierliche Fortbestehen des Werkes über deinen eigenen Ruhm und deine eigenen Vorteile.

❍

Ein Vorgesetzter, der nicht mit gutem Beispiel vorangeht, erntet Gehorsam, aber nicht Respekt. Wer ein gutes Beispiel nur im Bereich seiner Aufgabe gibt, wird respektiert, aber nicht geliebt. Wer aber in allen Bereichen beispielhaft ist, erntet Gehorsam, Respekt und Liebe, und sein Einfluss reicht tief und weit.

❍

Man erkennt einen begabten Vorgesetzten an der Fähigkeit, geeignete Mitarbeiter um sich zu scharen, indem er

sie entdeckt,
sie in sein Team aufnimmt,
sie ausbildet,
ihnen Vertrauen schenkt,
sie richtig einsetzt,
sie liebt.

Ideale Führungskräfte gibt es nicht, ebensowenig wie perfekte Mitarbeiter.

❍

In Gott liegt das Geheimnis des Leitenden: Gott delegiert eine Macht und er lässt keinen im Stich, der sich in seiner Amtsführung auf ihn stützt. Wesentlich ist dabei die Demut und die Nächstenliebe. Der Leitende lässt sich selber vom Evangelium leiten.

❍

Der Leiter verlässt sich nicht allein auf Berichte, sondern er bemüht sich, im „Buch des Lebens" eines jeden Mitarbeiters zu lesen: in dessen Gemütsbewegungen und Fähigkeiten sowie in dessen Prüfungen.

❍

Jesus Christus wollte die Apostel nicht durch Befehle von heute auf morgen verwandeln. Er ließ ihnen Zeit, um sich nach und nach zu erneuern. Hab Vertrauen zu deinen Mitarbeitern, damit sie selbst Vertrauen empfinden. Führe dein Leben so, dass die anderen wünschen, so zu leben wie du.

❍

Jesus hat nicht einen Stundenplan festgelegt, um seine Anweisungen zu geben oder Ausbildungskurse zu veranstalten. Er benutzte die Gelegenheiten des Alltags, um seinen Jüngern konkrete Lektionen zu erteilen: einen Rebstock, einen Feigenbaum, ein Kornfeld, Kinder beim Spielen, die Jünger im Streit um ihren Platz...

❍

In seinem unmittelbaren Apostolat hält Jesus zwar auch Lehrvorträge zu bestimmten Themen. Doch zieht er jene natürliche Form des Unterrichts vor, die sich aus den Alltagsbegegnungen ergibt. Gerade in den Augenblicken, da man es am wenigsten erwartete, erfuhren Zachäus, Simon, Magdalena ... die göttliche Gnade.

❍

Jesus hat seine Jünger nicht entlassen, als sie ihn nicht verstanden oder sich unbelehrbar gezeigt hatten. Verlier auch du nicht den Mut und die Geduld. Sei gütig zu denen, die sich böswillig und niederträchtig verhalten. Gottes Gnade wird sie umwandeln.

❍

Viele Familien, viele Gemeinden benutzen nur ihre Zunge, wenn sie miteinander sprechen. Ließen sie dagegen aufrichtig ihr Herz sprechen, kämen sie sich befreiend näher.

❍

Jesus hat im Gespräch mit Petrus diesen nicht unterbrochen, als Petrus sich nicht beherrschen konnte. Die erhitzten und unüberlegten Reden des Gesprächspartners werden die Welt nicht aus den Fugen bringen. Hab keine Angst. Führe das Gespräch mit deinem Herzen anstatt nur mit Argumenten.

❍

Wo findet man den Schlüssel zu einem Gespräch, welches das Herz befreit und auftut und den Geist erleuchtet? Suche ihn im Evangelium.

❍

Jesus hat niemand ein Gespräch verweigert. Er unterhält sich mit Freunden, Fremden, Heiden, Sündern und selbst mit denen, die gegen ihn sind.

❍

Als Führungskraft hast du allen alles zu sein, unter allen Umständen. Du musst jede Arbeit annehmen, Mühsal und Opposition akzeptieren. Notfalls musst du dem Gemeinwohl dein Leben opfern. Nur die Sorge um deine eigene Seele darfst du nicht vernachlässigen.

❍

Bei der Übernahme eines Leitungsamtes vergiss eines nicht: nachdem du deinen ganzen guten Willen eingesetzt hast, um deine Aufgabe zu erfüllen, musst du dich als einen unnützen Diener betrachten, der noch viele Unzulänglichkeiten hat. Und sei nicht erstaunt oder traurig, wenn du für deine Mühe nur Missverständnisse und Undank erntest.

❍

34

Die Selbstprüfung

Das eigene Leben
im Licht des Evangeliums überprüfen.

Auf dem Weg der Hoffnung solltest du dir ab und zu eine Ruhepause gönnen, im kühlen Schatten der Bäume, um eine Bestandsaufnahme zu machen: Lehren aus dem letzten Wegstück zu ziehen, das Reisegepäck durchzumustern, Fehltritte, Abweichungen zu korrigieren.

❍

Je größer das Unterfangen, desto sorgfältiger muss die „Buchhaltung“ sein. Sorglosigkeit bedeutet, dass du dein ewiges Leben gering schätzt.

❍

Rückschau bringt keinen Nutzen, wenn man nur dem Vergangenen nachtrauert. Rückschau wird gefährlich, wenn man stolz auf Erfolge zurückblickt. Weisheit ist es, wenn man auf die Vergangenheit zurückblickt, um daraus Lehren für die Zukunft zu sammeln.

❍

Deine Selbstprüfung soll sorgfältig, detailliert, aufrichtig und mutig sein. Niemand, kein Buchhalter, kein Computer, kann dir die Selbstprüfung abnehmen.

❍

Die Selbstprüfung steht jeden Abend, jede Woche, bei jeder Beichte und jedes Mal bei Exerzitien an. Auch die besten Fahrzeuge müssen in regelmäßigem Abstand zur Kontrolluntersuchung. Jeder noch so gesunde Mensch bedarf hin und wieder eines allgemeinen „Check-up“, um einen plötzlichen irreparablen Zusammenbruch zu vermeiden.

❍

Unterschätze die Untreue in kleinen Dingen nicht. In einem fruchtbaren Feld steckt so viel Kapital und Arbeit. Es bedarf aber nicht einmal eines furchtbaren Orkans, um es über Nacht völlig zu zerstören. Es genügt eine Schar winziger Würmer.

❍

Wollte ein Soldat behaupten, er könne sich ruhig den Kugeln aussetzen; Hauptsache, er werde nicht tödlich verletzt, dann hielte man ihn für verrückt. Genau so verhältst du dich aber, wenn du sorglos kleine Sünden begehst und nur die Todsünden meidest.

❍

Du empfindest Reue und Schmerzen angesichts deiner wiederholten Untreue zum Herrn. Das ist gut, aber noch nicht genug. Du sollst Magdalena nachahmen, „der viel vergeben worden ist, weil sie viel geliebt hat“, oder Johannes nachahmen, der zwar im Ölgarten den Herrn im Stich gelassen hatte, dann aber entschlossen mit nach Golgota ging und unter dem Kreuz stand. Beide waren entschlossen, ihre Liebe in Taten umzusetzen.

❍

Wenn du die kleinen Sünden nicht meidest, dann ist deine Liebe zu Jesus schwach. Sie wird dir nicht genug Energie geben, um auf dem Weg der Hoffnung voran zu kommen.

❍

Es wäre ein großer Fehler, bei deiner Selbstprüfung die Versäumnisse außer acht zu lassen. Beispiele: Gottes Sache mit wenig Eifer betreiben, berechnend geizen bei seinen Opfern, sich geschickt der Verantwortung entziehen, aus eigennützigen Motiven handeln, sich leichte Arbeiten aussuchen und schwere sorgfältig meiden...

❍

Deine Reue soll kein Theaterspiel sein: man klagt sich pathetisch unter Tränen an, aber, sobald der Vorhang fällt, ist das Spielchen zu Ende. Und alles bleibt beim Alten.

❍

Selbst das Raumschiff, das scheinbar ganz ungebunden im Raum schwebt, folgt einem bestimmten Kurs. Wie der Astronaut, der unter strenger Beachtung der Weisungen der Erde seinen Kurs ständig korrigiert, musst du unablässig den richtigen Kurs einhalten. Abweichungen entfernen dich vom Ziel.

❍

Du kannst noch so viele Selbstprüfungen vornehmen, sie nützen gar nichts, wenn du nicht entschlossen bist, dich zu bessern. Wenn man den Motor untersucht, ihn aber nicht richtig wartet bzw. überholt, kann er nicht laufen.

❍

Fass lieber wenige Vorsätze, die aber realistisch und grundlegend sind. Es gibt Leute, die sich heilig wähnen, weil sie ein großes Buch mit vielen Vorsätzen führen, die unbeständig sind wie Seifenblasen.

❍

Etwas aufschieben kann manchmal klug sein. Meistens ist es nur die Devise von Pessimisten, Mutlosen und Schwarzsehern.

❍

Nur der gegenwärtige Augenblick zählt. Blicke nicht auf gestern zurück, um deine Brüder zu tadeln. Auch nicht auf heute, um dich über dein Versagen zu beklagen; denn es gehört schon der Vergangenheit an. Blicke auch nicht auf morgen, um dich dem Pessimismus auszuliefern, denn es liegt noch in der Zukunft. Vertraue Vergangenes der Barmherzigkeit Gottes und die Zukunft der göttlichen Vorsehung an. Ja, übergib alles der göttlichen Liebe.

❍

Lass dich nicht von Trauer und Verzweiflung überwältigen. Häufig rührt ein solches Verhalten von einer Krankheit, dem Stolz, her. Glaubst du etwa, dass du den neun Engelchören angehörst und nicht mehr zu sündigen fähig bist?

❍

Du willst unbedingt Apostel des Herrn sein, aber du ergibst dich ihm nicht vorbehaltlos und vollständig. Wie kannst du dann ein brauchbares Werkzeug in Gottes Hand sein, wenn du noch einige „Zubehörteile“ für dich zurückhältst?

❍

Manchmal, von der schweren Last deiner Aufgabe bedrückt, spürst du die Versuchung, nach Ermutigungen zu suchen oder auf die Unterstützung der Mächtigen dieser Welt zurückzugreifen. Damit soll die Sache Gottes zum schnellen Erfolg kommen, zur Ehre Gottes. Zu Gottes oder deiner eigenen Ehre?

Wenn die Hilfe der Mächtigen erforderlich wäre, hätte Jesus davon Gebrauch gemacht.

Suche zuerst das Himmelreich. Alles andere wird dir dazu gegeben.

Den anderen wirfst du vor, dass sie sich auf die weltliche Macht stützen. Warum nimmst du dann die Hilfe der Mächtigen für dich in Anspruch und machst dich sogar von ihnen abhängig?

❍

Hast du etwa Angst, dass die „Aufgeklärten“ dich für verrückt halten? Teresa von Avila, Franziskus, Cottolengo, Don Bosco wurden auch zu Lebzeiten für verrückt gehalten. Aber diese Verrückten wurden heilig gesprochen. Hab Vertrauen und schreite mutig voran.

❍

Um auf dem Weg der Hoffnung die Orientierung nicht zu verlieren, halte dich an den Kompass folgender Grundsätze: „O Herr, alles um deiner Liebe willen, alles für dich in meinen Brüdern.

Ich behalte nichts für mich. Ich erwarte von niemandem Dankbarkeit. Ich möchte keine Belohnung erhalten.“

❍

Was musst du nach erfolgter Selbstprüfung tun? Weine demütig über deine Sünden wie Petrus, setz dich dem Herrn zu Füßen mit inniger Liebe wie Magdalena, fass den unbeirrbaren Entschluss, dich zu erneuern wie Zachäus und werde ein begeisterter Apostel wie Paulus. Von Vertrauen erfüllt, mache dich auf den Weg.

❍

Die Menschen hegen allerlei Wünsche: eine Zeitung, eine Schule, einen Verein oder ein Unternehmen zu gründen. Stützt du dich allein auf deine Kraft, bleiben deine Wünsche nur Träume. Lässt du aber die göttliche Gnade mitwirken, wird das Ergebnis alle Rekorde schlagen: Unzählige Zeitungen, Schulen, Vereine, Unternehmen.

❍

Deine Mittel sind die der Apostel:

Die Eucharistie: „Ich bleibe bei euch alle Tage bis zum Ende der Welt."

Der Heilige Geist: „Ich werde euch den Tröster senden."

Die Mutter Maria: „Siehe, deine Mutter!"

Das Evangelium: „Geht und verkündet die Frohe Boschaft."

Das sind die Mittel, die der Herr selbst dir gegeben hat. Findest du sie nicht ausreichend? Kann dir die Welt Vergleichbares bieten?

❍

Das ehrgeizige Vorhaben erscheint dir schrecklich groß, das Aktionsprogramm überwältigend und die Hindernisse so hoch wie die Berge und so breit wie das Meer. Wie das bewältigen? Paulus schrieb den Christen damals, die auch so ängstlich waren wie du: „Der Herr hat schwache Menschen auserwählt, um die Starken zu beschämen.“ „Hauptsache ist, dass die Gnade Gottes nicht unfruchtbar bleibt in mir.“ Das bedeutet: du brauchst nur für die Gnade Gottes aufgeschlossen zu sein und ihr treu zu bleiben.

❍

Selbstprüfung bedeutet eine erneute Lektüre des eigenen Lebens im Lichte des Glaubens.

❍

Mach alle sechs Monate eine Bestandsaufnahme: Über deine Aktionen, deine Methoden und Mittel und über deine Gefühle. Prüfe gründlich und streich mutig alles, was unnütz ist.

❍

35

Die Gottesmutter Maria

Sie ist eine sehr arme Mutter,
aber sie schenkt uns den kostbarsten Schatz:
Jesus, den Spender aller Gnaden.

Ohne Begleitung durch die Mutter wird ein Kind niemandem folgen wollen, auch wenn man für sein Wohlbefinden und seine Sicherheit sorgt. In Begleitung von seiner Mutter wird es überall hingehen, durch Berg und Tal, durch Hunger und Kälte. Man kann im Krieg beobachten, wie ein Kind sich an die bereits verstorbene Mutter klammert. Auf dem Weg der Hoffnung klammerst du dich fest an die Mutter Gottes. Mit ihr bist du nicht mehr einsam. Sie ist „die Quelle des Lebens, der Freude, sie ist unsere Hoffnung."

❍

Das Kind braucht nur eines: seine Mutter. Von seiner Mutter getrennt, weint es bitterlich und hört nicht auf zu weinen, auch wenn man ihm Süßigkeiten oder schöne Geschenke oder gar Gold und Edelsteine gibt. Es wirft sie einfach weg und wird erst wieder munter, wenn seine Mutter wieder da ist. So ein Kind musst du werden, um die Mutter Maria zu verstehen und zu lieben.

❍

Ihre mütterliche Liebe ist wie die abkühlende Brise, wie der Morgentau. Sie bringt leidenden und nach Frieden dürstenden Menschen Linderung und Trost.

❍

„Siehe, deine Mutter!“ Außer der Eucharistie hat uns der Herr als kostbares Vermächtnis seine Mutter hinterlassen. Sie zertrat den Kopf der Schlange. Sie wird dir helfen, den Teufel, das Fleisch und die Welt zu besiegen. Sie wird dir die Gnade schenken, das erhabene Ideal, das Gott in dein Herz gelegt hat, rein zu bewahren.

❍

Das Kind kann noch so verkrüppelt oder hässlich sein, seine Mutter liebt es nichts desto weniger. Trotz deiner Lustlosigkeit, deiner Sünden, deiner Untreuen, vertraue dich der Mutter Gottes an. Das Vermächtnis Jesu: „Siehe, deine Mutter!“ Wie könnte eine Mutter ihr Kind im Stich lassen?

❍

Wenn du gefallen bist, komm zur Mutter Gottes und beweine, dass ihr Sohn um deinetwillen gestorben ist. Sie wird sich deiner annehmen, wie sie sich des Johannes, des guten Schächers und der Magdalena angenommen hat.

❍

Unsere Mutter Maria ist das „lebendige Evangelium in Taschenbuchform, in volkstümlicher Edition“, das uns noch zugänglicher ist als das Leben der Heiligen.

❍

Um die ganze Erhabenheit von Maria zu begreifen, musst du bedenken, dass sie die Mutter des menschgewordenen Sohnes Gottes ist. Und sie ist auch deine Mutter, welches Glück für dich. Wenn nicht Jesus selber uns das gesagt hätte, wie könnten wir es je verstehen.

❍

Wenn du heilig werden willst, musst du sein wie die Kinder:

Ein Kind kümmert sich wenig um theoretisches Wissen, es schaut nur auf seine Mutter und macht alles, was und wie die Mutter es macht. Es ist davon überzeugt, dass seine Mutter alles weiß und alles richtig macht. Schau auf die Mutter Maria und handle wie sie, dann wirst du heilig.

❍

Die Litanei zur Ehre der Mutter Gottes ist ein Büchlein, mit dem die Kirche dich an die Titel, Vorzüge, Tugenden und Liebe unserer Mutter Maria erinnert. Je mehr du auf Maria schaust, desto glücklicher und vertrauensvoller fühlst du dich bei deinem harten Kampf, und du rufst nach deiner Mutter wie ein Kind: „Bitte für uns, bitte für uns!“

❍

Einige kleine Sätze fassen das Leben deiner Mutter zusammen. Präge sie dir inbrünstig ins Herz ein zur Meditation und Nachahmung:

„Siehe, ich bin die Magd des Herrn“: Ecce...
„Mir geschehe, wie du es gesagt hast“: Fiat...

„Meine Seele preist die Größe des Herrn“: Magnificat...

❍

Die erste Reaktion eines Kindes, wenn es sich fürchtet oder verlegen ist oder leidet, ist ein Ruf: „Mama! Mama!“ Das Wort Mutter ist alles für das Kind. Rufe auch du häufig: „Mutter! Mutter! Ich liebe dich. Du bist alles für mich.“

❍

Der Rosenkranz ist eine Gebetskette, die dich an Maria bindet. Er ist wie ein Film, der den Weg der Hoffnung von Maria darstellt: die Zärtlichkeit von Bethlehem, die Plagen auf der Flucht nach Ägypten, die Stille von Nazaret, die körperliche Arbeit in der Zimmermannswerkstatt, die Inbrunst im Tempel, die Erregung bei den Predigten Jesu, das Leiden am Kreuz, die Freude bei der Auferstehung ... Kurzum, der Herr lebte in seiner Mutter und sie in ihm. Zwei Leben sind eins geworden. Vernachlässige den Rosenkranz nicht, den deine Mutter dir gegeben hat, damit du wie sie, mit ihr, in ihr und durch sie lebst.

❍

Es gibt kein Geschenk, das so kostbar ist wie die Frucht ihres Leibes: Jesus. Kostbar ist ihr Leib: „Selig die Frau, deren Leib dich getragen hat.“ (Lk 11,27)

❍

Jesus hat uns ein Beispiel zur Nachahmung gezeigt: Gott, den Vater: „Seid vollkommen, wie euer Vater im Himmel.“ Aber der Vater im Himmel ist zu fern, so zeigt Jesus auf sich selbst: „Wer mich sieht, sieht den Vater." Der Herr will uns aber ein weiteres Beispiel zeigen, das der Inbegriff von Liebe und Zärtlichkeit ist, die Mutter Maria: „Siehe, deine Mutter."

❍

Das Kleinkind macht der Mutter alles nach, auch wenn es schwierig oder gar gefährlich ist. Nicht so sehr, weil es die Mutter als Beispiel und als sein Alles und deshalb nachahmenswert betrachtet, sondern weil es sie liebt und an sie glaubt. Das Kind wird jede Arznei einnehmen, die seine Mutter vor seinen Augen einnimmt; es folgt ihr sogar ins Gefängnis. Maria ist das leuchtende Beispiel in deiner „Reichweite". Ahme Sie nach. Der dreifaltige Gott kann keine größere Heiligkeit schaffen als die Mariens.

❍

Maria gibt uns ein Beispiel der Diskretion und Bescheidenheit, aber sie ist zugleich auch überall zugegen, wo es zu dienen gilt. Sie zeigt sich nicht, sie erhebt ihre Stimme nicht, aber sie bleibt ständig an der Seite des Herrn. Ihr Leben ist vollständig dem Herrn geweiht, dem Herrn, der in dir wohnt.

❍

Jesus lebt und wirkt in der Kirche weiter. Deshalb ist die Mutter Maria auch anwesend inmitten der Kirche und in dir. Sie ist die Mutter der Kirche und deine Mutter.

❍

In den glanzvollsten Augenblicken des Lebens Jesu: auf dem Berg Tabor, vor den Toren Jerusalems, beim Wunderwirken ... bleibt Maria im Schatten. Aber in den Stunden der Gefahr und des Leidens steht sie im Vordergrund: auf der Flucht nach Ägypten, auf dem tragischen Leidensweg und am Fuße des Kreuzes, wo ihr Herz zerbrach. Sie hat nicht für sich selber gelebt, sondern nur für den Herrn und für die Erlösung der Menschheit.

❍

Maria hat sich im Gebet zusammen mit den Aposteln auf die Ankunft des Heiligen Geistes vorbereitet. Und sie hat das Pfingstfest, die öffentliche Gründung der Kirche, miterlebt, wie sie bei der Geburt Jesu auch die Kirche mitgeboren hat. Sie ist wirklich die Mutter der Kirche.

❍

Für ihre Erscheinungen auf Erden hat sie nicht solche Orte gewählt wie dicht bewohnte Städte oder berühmte Basiliken, sondern einsame Plätze, die nicht viele Besucher kennen. Auch ist sie nicht wichtigen Persönlichkeiten oder Theologen erschienen, sondern einfachen Leuten, denen, die niemand besuchen will. Sie will auch, dass du zu ihr kommst.

❍

Ihr fehlt alles, was die Welt als Glück betrachtet. Bei der Lektüre des „Magnificat“ erscheint uns die heilige Jungfrau als ein Abgrund demütiger Niedrigkeit: „Magd“, „niedrig“, „hungrig“.

Aber Gott hat seinen Blick voll Barmherzigkeit auf diesen Abgrund geworfen und hat Maria mit Gnade erfüllt. Sie ist „voll der Gnade“.

❍

Die Mutter Gottes ist arm, sie hat weder Geld noch Haus, noch Besitztümer; sie kann nicht predigen; aber sie hatte das kostbarste Geschenk für

die Hirten in Bethlehem,
die drei Weisen aus dem Orient,
Simeon und Hanna im Tempel,
die ganze Menschheit auf Golgota.

Sie hat ihnen nämlich in aller Stille Jesus gegeben. Ein Geschenk, das nur sie geben konnte und das alle Predigten aufwiegt, weil es das „Wort“ ist.

❍

Die totale Selbsthingabe der Jungfrau Maria ist umso erhabener, da sie sich Gott voll und ganz hingibt. Entgegen den normalen Wünschen der jungen Mädchen der damaligen Zeit hat sie sich für die Jungfräulichkeit entschieden. Und Gott hat bei ihr das Wunder gewirkt: Sie ist zugleich Jungfrau und Mutter, Mutter Gottes und Mutter der Menschheit.

❍

Dein Herz ist vielleicht grenzenlos, aber dein Geldbeutel hat seine Grenzen. Es gibt nur ein Geschenk, das du immer geben kannst, ein Geschenk, das dein Herz befriedigt und so kostbar ist, dass es niemand kaufen kann und dass nichts sich mit ihm vergleichen lässt: Schenke deinen Brüdern Jesus, wie Maria es getan hat.

❍

Wenn deine Augen voller Tränen sind, wende dich an die Heilige Jungfrau, die die Bedrückten tröstet. Wenn dein Leiden unerträglich wird, wende dich an die Beschützerin der Christen. Wenn du versagt und gesündigt hast, wende dich an die Fürsprecherin der Sünder. Du sollst Maria nachahmen, indem du den anderen Zuflucht bietest und für sie Lebensquelle, Freude und Hoffnung bedeutest.

❍

Maria hat voll und ganz für Jesus gelebt. Sie nimmt an seinem Erlösungswerk teil. All ihre Ehre ist in Jesus begründet. Hätte sie nicht Jesus zur Welt gebracht und nicht für ihn allein gelebt, wäre sie ohne Bedeutung gewesen. Auch dein Leben wäre nichtig, wenn du von Jesus getrennt bist.

❍

Bei Maria lernst du den Wert des übernatürlichen Lebens und der geistigen Tiefe schätzen. All ihre Gedanken und Taten, so unbedeutend sie auch sind, sind auf Jesus gerichtet. Sie kann keinen Augenblick fern von Jesus leben. Ihr Leben ist reine, abgrundtiefe Innerlichkeit. Bei ihr sind Aktion und Kontemplation nicht voneinander getrennt: Kontemplation prägt ihre Aktion und Aktion erwächst aus ihrer Kontemplation.

❍

Maria hat zur größten Revolution der Menschheitsgeschichte beigetragen, jener Revolution, die Jesus als echte Überwindung der Weltgeschichte vollbracht hat. Er hat diese Revolution selbst vollzogen, ohne Zerstörung, ohne Massaker und ohne Aufhebung der Gesetze. Er hat sich aufgeopfert, damit der historische Augenblick kommen konnte, in dem der Alte Bund durch den Neuen Bund erfüllt wurde.

❍

Liebst du Abenteuer, so sollst du Maria Schritt auf Schritt folgen, denn ihr Leben ist ein Abenteuer des Glaubens. Sie vertraut Gott alles an und macht sich auf den Weg, ob Betlehem, ob Ägypten, ob Nazaret, ob Golgota, sie behält ihr Vertrauen und geht nach vorne. Abenteuer mit unbegrenzter Sicherheit.

❍

Du kannst überall, dem Beispiel Mariens folgend, der Welt Jesus schenken. Entscheidend ist nicht der Ort, denn als Maria dieses Geschenk zum ersten Mal machte, nämlich an die Hirten, geschah es in einem Stall. Entscheidend ist, dass du in der Liebe und in der Vereinigung mit deinen Brüdern lebst, dann ist nämlich Jesus in dir. Wenn du ständig Jesus zu den Menschen bringst, dann ist jeder Tag deines Lebens Weihnacht.

❍

Willst du dein Herz jung bewahren und in Treue zu dir selbst leben, ahme die Mutter Gottes nach: in ihr bleibt kein Makel des Ichs, des alten Menschen mehr. Sie ist „ohne Sünde empfangen" und so von Gottes Gnade erfüllt, dass man nicht von ihr sprechen kann, ohne dabei auch an Jesus zu denken.

❍

Ohne Gott bist du völlig leer, einsam, unglücklich. Das Maß deines Glückes hängt von dem Grad deiner Beziehung zu Gott ab. Maria ist ganz auf Gott gerichtet; Gott sieht in ihr das vollkommenste Geschöpf, das ganz seiner Vorstellung entspricht. In Maria zeigt sich die Herrlichkeit Gottes in ihrem vollen Glanz.

❍

Maria ist die Verkörperung der Armut. Sie hat die Armut in einer natürlichen Weise und mit Freude gelebt. Sie liebt ein Leben in Armut, weil ihr Herz von Reichtum erfüllt ist und sie über einen großen Schatz verfügt. Sie ist die Ärmste, aber auch die Schönste, weil sie die Schönheit Jesu besitzt. Es verhält sich so wie in der Natur: nichts ist ärmer und nichts ist schöner als die Natur: der sanfte Glanz des Mondes, die herrliche Pracht der Sonne, das Funkeln des Morgentaus. Gibt es etwas, was mit der Anmut der Vöglein und dem Duft der Lilien auf dem einsamen Feld vergleichbar ist?

❍

Das Leiden ist umso größer, als es ein ohnmächtiges Leiden ist. Am Fuß des Kreuzes blickte Maria in totaler Ohnmacht auf ihren Sohn. Je größer ihre Liebe, desto mehr zerbrach ihr Herz. Aber sie blieb standhaft. Wenn du dich ohnmächtig vor dem Leiden fühlst, komm zu Maria, und ihre Zärtlichkeit wird dir Kraft und Mut schenken.

❍

Betrachte Maria am Fuß des Kreuzes: sie hat ein heldenhaftes Maß an allen Tugenden erreicht: Sanftmut, Demut, Stillschweigen, Geduld, Vertrauen, Hoffnung, Liebe. Ihre Armut war total, weil sie ihren eigenen Sohn Jesus, den Mensch gewordenen Gott, verlor. Ihre Liebe zu Gott war so groß, dass sie bereit war, ihr eigenes Leben und das Blut ihres Sohnes aufzuopfern für die Erlösung der Welt.

Sie starb den Märtyrertod, weil sie nicht mit ihrem Sohn sterben durfte.

Sie behielt ihr unerschütterliches Vertrauen, als sie mit ansehen musste, was vor den Augen der Welt als totale Niederlage erschien: der Tod des Herrn.

❍

Marias Liebe zeigt sich auch in jener Stunde, da Jesus im Tempel blieb, und sie voller Schmerzen nach ihm suchte. Gerade in den Momenten, da du die wohltuende Atmosphäre der Brüderlichkeit um dich verloren hast, ja sogar Gott verloren zu haben scheinst, gerade dann will Gott deine Liebe zu ihm auf ihre Echtheit hin prüfen.

❍

Wer die Mutter Gottes liebt, schätzt auch den Rosenkranz. Denn nur Liebende wiederholen immer wieder dieselben Worte, ohne dessen überdrüssig zu werden.

❍

Maria richtet ihren Blick nicht nur auf Jesus, sondern auch auf Elisabeth, Johannes, das Brautpaar in Kana. Auch dein Blick soll wie ihrer sein: Schau auf Gott und schau auf die Menschen.

❍

36

Die Hoffnung

„Gepriesen sei der Gott und Vater unseres Herrn Jesus Christus: Er hat uns in seinem großen Erbarmen neu geboren, damit wir durch die Auferstehung Christi von den Toten eine lebendige Hoffnung haben“ (1 Ptr 1,3).

❍

Der Christ ist das Licht, das in der Finsternis der Welt leuchtet, das Salz des Lebens mitten in der Verwesung der Welt, die Hoffnung inmitten einer verzweifelten Menschheit.

❍

Der heilige Paulus hat ununterbrochen die Christen davor gewarnt, wie Menschen ohne Hoffnung zu leben.

❍

Christen sind diejenigen, die voller Hoffnung auf den kommenden Herrn warten (Paulus).

❍

Viele Christen überlassen völlig dem Herrn die Sorge um das Heil der Welt. Sie vergessen, dass er dabei mit ihrer Mitarbeit rechnet.

❍

Gott lieben heißt die Welt lieben. Leidenschaft für Gott bedeutet Leidenschaft für die Welt. Auf Gott hoffen heißt auf das Heil für die Welt hoffen.

❍

Die Verkündigung der Frohen Botschaft darf sich nicht auf die Beachtung der Gebote beschränken. Vielmehr muss sie die wunderbare Botschaft herausstellen: Gott liebt uns und die Welt und bringt der Welt das Heil.

❍

Am Kreuz ist Jesus sehr arm. Du kannst den gekreuzigten Herrn nur um eine Sache bitten: die Gnade, zu lieben, zu leiden und unaufhörlich zu hoffen.

❍

Wenn du über diese Seiten meditierst, jedoch nicht das Evangelium dein Leben überfluten lässt, wenn du immer noch betest: „Dein Reich möge nicht kommen!“, dann bist du noch lange keine Hoffnung für die Welt.

❍

Innerhalb von einigen Jahrzehnten hat die Menschheit mehr technische und wissenschaftliche Errungenschaften erzielt als in vielen vorangegangenen Jahrhunderten. Die Menschheit besitzt heute ein Furcht erregendes Kräftepotential und ist in der Lage, sich selbst mit Atomwaffen zu vernichten. Sie ist im Besitz von riesigen Mitteln und scheint sich selbst zu genügen. Sie ist überzeugt, alles zustande bringen zu können, aber sie weiß nicht, wofür sie lebt, wohin sie geht und wie ihre Zukunft aussieht. Ja, die Menschheit erlebt eine Krise der Hoffnung.

❍

Der Fortschritt der Menschheit bedeutet nicht Rückschritt für Gott. Im Gegenteil, je stärker sie wird, desto mehr bedarf sie der Hoffnung, um weiterzukommen und der Liebe, um weiterzuleben.

Wenn es nicht so wäre, dann stellt sich die Frage, wozu leben und ob es sich lohnt, zu leben.

Oder ist es etwa so, dass das Nichts und der Hass die einzige Erbschaft der fortschrittlichen Menschheit sind?

❍

Manche denken, dass der wissenschaftliche Fortschritt den Rückzug für Gott bedeutet.

Viele denken im tiefsten ihres Herzens: „Gott ist tot“ und sie glauben, von ihrem Gewissen befreit zu sein. Aber diese Freiheit versetzt sie in Unruhe und Panik. Was ihnen fehlt ist die Hoffnung.

❍

In jedem Zeitalter gibt es Leute, die sich als Propheten ausgeben, aber der Weg, den sie aufweisen, bringt den Menschen keine Hoffnung. Nur Jesus, der sich als „Der Weg“ bezeichnet hat, bringt eine Hoffnung, die den Dimensionen der Welt angemessen ist: „Verkündet allen Menschen die Frohe Botschaft. Seid meine Zeugen bis zum Ende der Zeit.“

❍

Der Mensch bedarf der Hoffnung, um zu leben, ja um fortzuleben. Er wendet sich an denjenigen, der ihm die größte Hoffnung bringt. In dieser Hinsicht war die Behauptung Jesu kategorisch: „Ich bin gekommen, damit die Welt das Leben hat und es in Fülle hat." Diese Hoffnung hat der Herr in die Hände seiner Mutter Maria gelegt, die „die Quelle unserer Hoffnung" ist.

❍

Der Christ liebt seinen Auftrag in der Welt. Er arbeitet für die Ewigkeit in dieser vergänglichen Welt. Er glaubt, dass Gott ihm die Welt und seine Brüder anvertraut hat, damit er sie zum ewigen Heil führt. Er ist überzeugt, dass Gott zwar das Heil bringt, dabei aber die Mitarbeit aller fordert.

Er weiß, was Hoffnung ist, er verbreitet sie und garantiert sie.

❍

Der Hoffende ist ein Betender. Gegenstand des Gebets ist auch Gegenstand der Hoffnung.

Der Hoffende ist Gottes Mitarbeiter. Gott sucht ihn auf und macht von seiner Mitarbeit Gebrauch, damit die Schöpfungs- und Heilsgeschichte vollendet werde.

❍

Wir beten zu Gott, aber Gott verlässt sich auf uns. Er hat eine Institution gegründet, die das Heil spendet: die Kirche. Sie ist für das Werk Gottes verantwortlich. Sie ist die größte Hoffnung für all unsere Brüder.

❍

Es gibt eine Kategorie von „wartenden Christen“. Sie legen die Hände in den Schoß und warten auf die Erfüllung der Hoffnung. Es gibt eine Kategorie von „passiven Christen“. Sie entziehen sich jeder Verantwortung. Sie können nur emporschauen, um nach Hilfe zu rufen, jedoch nicht nach vorn, um vorwärts zu kommen und nicht um sich, um die Last der anderen zu teilen und auf sich zu nehmen. Die Hoffnung ist mitten unter ihnen. Sie bemerken sie nur nicht.

❍

Nicht ein „anderes Leben“ ist Gegenstand deines Glaubens. Woran du glaubst, ist das „ewige Leben“. Die Hoffnung hat dieses Leben schon in dir aufkeimen lassen und wird es bis zur völligen Entfaltung pflegen.

❍

Lebe ganz in der Gegenwart, bleib aber auch tief im ewigen Leben verankert.

Du kümmerst dich eifrig um das Heil deiner Brüder, aber vergiss nicht, dass es sich nur mit Gott und durch Gott verwirklicht. Du setzt deine ganze Kraft ein, um nach vorne zu kommen, aber mit der Erleuchtung durch das himmlische Licht. Du engagierst dich mitten in dieser Welt, doch mit einer übernatürlichen Liebe. All deine Taten wären sinnlos, wenn du nicht die größte Hoffnung in deinem Herzen trügest.

❍

Gestalte dein Leben so, dass die Christen an die christliche Berufung glauben, Berufung in der Familie, im Eheleben und im Beruf. Sie werden ihre Mutlosigkeit überwinden und von der Hoffnung erfüllt sein, weil sie wissen, dass der Herr, der sie berufen hat, sie bis zum Endziel führen wird.

❍

Deine Revolution: die Christen nicht von ihrer Umgebung entfernen, um sie in eine Sphäre der rein spirituellen Übungen zu entrücken, sondern sie mit ihrer Hoffnung ihre Umgebung durchdringen lassen.

❍

Setze deine Bemühungen fort, auch wenn du gefallen bist. Bitte den Herrn um Vergebung und geh weiter nach vorn. Sieh dir die Boxkämpfer auf dem Podium in den internationalen Stadien an: auch sie fallen sehr oft, auch sie bekommen harte Schläge und werden verletzt, aber sie stehen immer wieder auf und hören nicht auf zu hoffen. Am Ende tragen sie den Sieg davon und werden zu Weltmeistern.

❍

Es ist unfassbar, dass ein Christ nicht von der Leidenschaft erfüllt ist, die Welt mit Hoffnung zu überfluten.

❍

„Ihr, meine Freunde der Neuen Generation! Ihr müsst die Jugend der Hoffnung sein, weil ihr in der Hoffnung immer glücklich sein und die anderen glücklich machen werdet“ (Chiara Lubich).

❍

Du fragst, wann du dein Apostelamt niederlegen und dein Apostolat beenden kannst. Die apostolische Arbeit kann sich nach Fähigkeit und Alter ändern. Deine apostolische Berufung aber, die du mit der Taufe und der Firmung empfangen hast, kannst du erst mit deinem letzten Atemzug beenden, so wie Jesus damals, als er gesagt hat: „Es ist vollbracht“.

❍

Die christlichen Familien sind die Zukunft, die Hoffnung der Kirche. Es gilt, die Familien zu motivieren, damit sie mit ganzer Kraft dem Ruf der Kirche folgen. Dann werden sie mit Enthusiasmus die Frohe Botschaft in der Welt verbreiten. Heute vermehren sich die lauwarmen Christen zunehmend.

❍

Bewahre ständig die Hoffnung und lass dich nicht von den internen Schwierigkeiten, selbst bei der apostolischen Arbeit, entmutigen. „Die einen predigen Christus aus Liebe, weil sie wissen, dass ich zur Verteidigung des Evangeliums bestimmt bin, die anderen aus Ehrgeiz, nicht in redlicher Gesinnung; sie möchten die Last meiner Kette noch schwerer machen. Aber was liegt daran? Auf jede Weise, ob in unlauterer oder lauterer Absicht, wird Christus verkündet, und darüber freue ich mich“ (Phil 1,16-18).

❍

Sei nicht durch den Mangel an Mitteln entmutigt. Ein Kardinal der römischen Kurie hat einmal gesagt: „Benutzen wir die gleichen Mittel wie die Apostel: Predigten und Briefe. Damit haben sie die Welt erobert, ohne irgendwelche Maschinen.“ Ich bin nur darüber besorgt, dass du technisch zwar perfekt ausgerüstet bist, dein Herz aber weniger eifrig im Apostolat ist.

❍

Ein Punkt schließt sich einem anderen an und Tausende von Punkten bilden eine Linie. Eine Minute folgt einer anderen und Millionen von Minuten machen ein Leben aus. Wenn jeder Punkt richtig gezeichnet wird, dann wird die ganze Linie schön. Wenn jede Minute richtig gelebt wird, wird das ganze Leben heilig. Jeder Schritt der Hoffnung trägt dazu bei, den Weg der Hoffnung auszumachen. Jede Minute der Hoffnung trägt dazu bei, das ganze Leben hoffnungsvoll zu machen.

❍

37

Von der Hoffnung leben

Als Zusammenfassung der bisher vorgelegten Gedanken bitte ich dich, dir folgende Merksätze als Wegweiser auf dem Weg der Hoffnung einzuprägen: Du möchtest eine Revolution, die Erneuerung der Welt, verwirklichen. Diesen großen, erhabenen Auftrag, den du von Gott erhalten hast, erledigst du mit der „Kraft des Heiligen Geistes". Bereite jeden Tag ein neues Pfingsten in deiner Umgebung vor.

❍

Du unternimmst einen Feldzug, der das Glück aller Menschen zum Ziel hat. Zusammen mit Jesus opferst du dich jede Minute, um den Menschen den Frieden und den Völkern Entwicklung und Prosperität zu bringen. So soll deine Askese sein, diskret und konkret zugleich!

❍

Du verfolgst unbeirrt den Weg eines Apostels: „Das eigene Leben für seine Brüder hingeben!" Denn es gibt keine größere Liebe. Du wirst Minute für Minute verzehrt und du bist dazu bereit, um deine Brüder zum Herrn zu bringen.

❍

Du sprichst eine Devise deutlich aus: „Alle sind eins." Eins alle Katholiken, eins alle Christen, eins alle Völker. Wie Gott der Vater und sein Sohn eins sind.

❍

Du vertraust auf eine Energiequelle: die Eucharistie. Christi Fleisch und Blut werden dir Leben spenden, „damit die Welt das Leben hat und es in Fülle hat". Manna war Nahrung für die Juden auf dem Weg zum Gelobten Land. Die Eucharistie ist deine Nahrung bis zum Ziel deines Weges der Hoffnung.

❍

Du trägst ein einziges „Kleid" und sprichst eine einzige Sprache: die Nächstenliebe. Sie ist das Wahrzeichen, durch welches man dich als Jünger Christi erkennt. Ein Wahrzeichen, das nicht kostspielig ist, doch schwer zu bekommen. Die Nächstenliebe ist die erste aller Sprachen. Paulus hielt sie für die erhabenste aller Sprachen der Menschen und der Engel. Sie ist die einzige Sprache, die im Paradies fortdauern wird.

❍

Behüte dein Geheimnis, deinen Schlüssel zum Leben: das Gebet. Niemand ist stärker als der Betende, weil der Herr versprochen hat, ihm alles zu geben, worum er bittet. Wenn ihr euch im Gebet versammelt, dann ist Gott unter euch. Ich ermahne dich inständig: außer dem offiziellen Gebet solltest du täglich noch eine oder besser zwei Stunden dem persönlichen Gebet widmen. Das ist keine verlorene, nutzlose Zeit. Auf meinem Lebensweg habe ich die Wahrheit eines Wortes von Teresa von Avila erfahren: „Es bedarf keiner Bemühung des Teufels, um einen Nichtbetenden in die Hölle zu treiben. Er wird aus eigenem Antrieb hinein stürzen."

❍

Beachte nur eine Regel: das Evangelium. Das ist die Verfassung, die über allen Verfassungen steht und die der Herr den Aposteln als Vermächtnis hinterlassen hat. Sie ist nicht schwer, nicht kompliziert und übt keinen Zwang aus wie die üblichen Verfassungen. Im Gegenteil, sie ist flexibel, menschlich und sie gibt dir Kraft und Mut. Ein Heiliger, der außerhalb des Evangeliums lebt, ist kein echter Heiliger.

❍

Bleibe deinem einzigen Führer treu, Christus und auch seinen Vertretern: dem Papst und den Bischöfen, den Nachfolgern der Apostel. Lebe und stirb für die Kirche. Denke nicht, dass nur der Tod für die Kirche ein Opfer bedeutet. Für sie zu leben verlangt auch viele große Opfer.

❍

Pflege deine Liebe zu unserer Mutter Maria. Der Pfarrer von Ars hat gesagt: „Meine erste Liebe ist die Mutter Gottes." Wer auf sie hört, wird nicht irregeführt. Wer für sie handelt, kennt keinen Misserfolg. Wer für ihre Ehre arbeitet, wird das ewige Leben erlangen.

❍

Lass dich von einer Weisheit leiten: der Wissenschaft des Kreuzes. Ein Blick auf Jesus am Kreuz wird dir helfen, Probleme zu lösen, die dir große Verwirrung bringen. Nimmst du das Kreuz als Kriterium für deine Wahl und deine Entscheidung, wird deine Seele den Frieden erhalten.

❍

Dein Ideal: dich auf Gott den Vater konzentrieren, einen Vater voller Liebe. Jesus hat sein ganzes Leben lang all seine Gedanken und Handlungen auf den Vater gerichtet, damit die Welt erfährt, dass ich den Vater liebe und er mich. Ich habe stets all das verwirklicht, was bei meinem Vater Wohlgefallen findet (vgl. Joh 12,49).

❍

Es gibt nur eines, wovor du Angst haben sollst: die Sünde. Seinerzeit hat der Kaiser seinen Hof versammelt, um zu beraten, wie er sich am besten am heiligen Johannes Chrysostomus rächen könnte, der die Kaiserin streng getadelt hatte.

Die erste vorgeschlagene Maßnahme: ihn einzukerkern. „Aber dadurch bekäme er nur die ersehnte Gelegenheit, zu beten und für Gott zu leiden."

Der zweite Vorschlag: ihn zu verbannen. „Aber für ihn gelten alle Orte auf Erden als Gottes Wohnung."

Der dritte Vorschlag: Todesstrafe. „Aber dadurch würde er das Martyrium und die erwünschte Rückkehr zu Gott erlangen."

Alle drei Vorschläge könnten ihm kein Leid zufügen und er würde sie mit Freude annehmen. Es bleibt nur ein vierter Vorschlag: „ihn zu etwas zwingen, wovor er am meisten Angst und Ekel empfindet: zur Sünde". Leider war dazu jede Zwangsmaßnahme vergeblich. Wenn die Sünde deine einzige Angst ist, wird deine Stärke unübertroffen sein.

❍

Hege nur einen einzigen Wunsch: „... wie im Himmel, so auf Erden.“ Damit die Menschen guten Willens auf Erden Gott kennen, wie im Himmel,

damit alle auf Erden beginnen, sich gegenseitig zu lieben, wie im Himmel,

damit das Glück auf Erden herrscht, wie im Himmel,

du wirst all deine Kräfte einsetzen, um diesen Wunsch zu verwirklichen und den Menschen bereits in ihrem irdischen Dasein das himmlische Glück zu bringen.

❍

Nur eine Sache fehlt dir: Verkaufe alles, was du hast, verteile es unter die Armen und folge mir (vgl. Mk 10,21). Das bedeutet eine radikale Entscheidung, ohne wenn und aber. Der Herr braucht Menschen, die sich von allem endgültig gelöst haben.

❍

Benutze für dein Apostolat eine effiziente Methode: den persönlichen Kontakt, der dir hilft, mit den Menschen eins zu werden, um sie zu verstehen und zu lieben. Der Kontakt ist wirksamer als die Predigt oder die Bücher. Der Kontakt von Mensch zu Mensch, sozusagen von Herz zu Herz: darin liegt der Schlüssel für deine Ausdauer und deinen Erfolg beim Apostolat.

❍

Nur eine Sache ist wichtig und Maria hat den besten Anteil gewählt: sich neben den Herrn hinsetzen. Wenn du kein innerliches Leben hast und wenn Jesus nicht der innere Motor deiner Aktionen ist, dann..., aber das weißt du schon zur Genüge. Ich will mich nicht damit aufhalten.

❍

Nur eines soll deine Nahrung sein: der Wille Gottes des Vaters. Das heißt: nur mit dieser Nahrung sollst du leben und wachsen und handeln. Sie spendet dir Stärke und Freude. Außerhalb des Willens Gottes findest du nur den Tod.

❍

Dein schönster Augenblick ist der jetzige, den du völlig in Gottes Liebe verbringst. Dein Leben wäre wunderbar, wenn es aus Millionen von solchen schönsten Augenblicken bestünde. Du siehst, wie einfach das ist.

❍

Dein einziges Manifest: Die acht Seligkeiten, die Jesus auf dem Berg verkündet hat. Lebe danach und du wirst das Glück erfahren, das du dann auf andere Menschen, denen du begegnest, übertragen wirst.

❍

Deine einzig wichtige Aufgabe: deine Pflicht erfüllen. Ob bedeutsam, ob bescheiden, deine Pflicht ist die Erfüllung des Willens deines Vaters im Himmel. Das ist die Aufgabe, die Gott für dich bestimmt hat, damit du seinen Plan in der Weltgeschichte verwirklichst. Die Pflichterfüllung ist die einfachste und sicherste Methode der Vollkommenheit auf dem Pfad der Tugend. Viele denken sich eine komplizierte Methode aus und beklagen sich, dass sie schwierig ist.

❍

Was das Heiligwerden anbelangt, so solltest du nur eine Sorge haben: dass du nicht genug Willensstärke hast. Denn zum Heiligwerden braucht man nur zweierlei: die Gnade Gottes und die Willensstärke. Die Gnade Gottes wird nie fehlen. Aber ist dein Wille stark genug?

❍

Denke nur an eine Belohnung: Gott selber. Als Gott dem heiligen Thomas von Aquin sagte: „Du hast sehr gut über mich geschrieben. Was für eine Belohnung wünschst du dir?“ „Nur dich, Herr“, lautete die Antwort.

❍

Du hast ein Vaterland.

Die Glocke ertönt, ernst und tief,
Vietnam betet.
Die Glocke klingt so traurig,
Vietnam weint.
Die Glocke ertönt laut und heiter,
Vietnam triumphiert.
Die Glocke klingt erhaben und kristallklar,
Vietnam hofft.

Du hast ein Vaterland, Vietnam,
das seit Jahrtausenden sehr geliebt wird.
Es ist dein Stolz und deine Freude.
Liebe seine Berge und Flüsse, so kostbar wie Samt und Seide.
Liebe seine glorreiche Geschichte.
Liebe sein fleißiges Volk.
Liebe seine heldenhaften Krieger.

Mächtig durchströmen es seine Flüsse,
aber auch das Blut seines Volkes.
Hoch erheben sich seine Gebirge,
aber höher noch die Gebeine.

Ein schmaler Landstreifen nur, aber wie groß der Ehrgeiz.
Ein kleines Land mit großem Ruhm.

Diene deinem Land mit ganzem Herzen,
bleibe ihm treu mit vollem Engagement.
Verteidige es mit deinem Blut,
baue es auf mit deinem Herzen und
deinem Verstand.
Teile die Freude deiner Brüder
und das Leid deines Volkes.
Ein Vietnam
Ein Volk
Eine Seele
Eine Kultur
Eine Tradition.

Als vietnamesischer Christ
Musst du dein Vaterland umso mehr lieben.
Das ist die Lehre Gottes und der Kirche.
Ich wünsche sehr, dass die Vaterlandsliebe
wie ein heißer Strom dein Blut durchdringt.

Nachwort

Meine lieben Freunde,

...Sie werden mich fragen: „Wie haben Sie es geschafft, um diese 13 Jahre (in Gefängnissen) zu überstehen?" Ich will das in drei Punkten zusammenfassen:

1. Den gegenwärtigen Augenblick leben und ihn mit Liebe erfüllen.

Eine Woche, zwei Wochen, fünf Monate, das ist schon ein langer Zeitraum. Aber stellt Euch vor: so etwas zwei Jahre, drei Jahre... neun Jahre! Das erscheint dann wie eine Ewigkeit, aber eben nicht eine Ewigkeit des Glückes oder der Liebe. Ein vietnamesisches Sprichwort sagt: „Ein Tag im Gefängnis gleicht tausend Jahren in der Freiheit."

Was habe ich während der langen Tage gemacht? Es gab nichts zu tun. Morgens gab man mir Essen um 10 Uhr und für den Abend um 16 Uhr. Sieht man davon ab, so ist man versucht, sich einfach auf dem Bett auszustrecken, gelangweilt, verzweifelt. Traurigkeit, Rachegedanken... Hätte ich diese Gefühle in mir überhand nehmen lassen, so würde das vor allem körperliche Folgen gehabt haben: Arthritis, Rheuma, Haarausfall, Ausfallen der Zähne – als Folgen von Unterernährung, Mangel an Bewegung und besonders des Fehlens eines inneren Haltes.

Aber ich hatte ja keine Bücher, keine Zeitungen, um zu lesen, keinen Menschen, um zu plaudern. Dafür gab es einen Lautsprecher vor meinem Zimmer, der von morgens fünf Uhr bis kurz vor Mitternacht in Betrieb war.

Kurzum, ich machte viel Gymnastik im Stand, sang, betete, ging hin und her. Aufs Bett legte ich mich nur, um zu ruhen.

Auch das genügt nicht, denn es ist der Geist, der bleibt und Leben schafft. Hierzu einige Gedanken: Die Vergangenheit vertraue ich der Barmherzigkeit Gottes an. Die Zukunft ist noch nicht in meiner Hand, ich vertraue sie der Vorsehung an. Aber die Gegenwart ist in meinen Händen, ich kann jede Minute des gegenwärtigen Augenblicks heiligen. Es ist nicht die Zahl der Taten, nicht ihre Bedeutung, die in den Augen Gottes zählt, sonder es ist die Intensität an Liebe, die ich meinem Tun mitgebe, die wesentlich ist. Mein Leben ist nicht unnütz, wenn ich den gegenwärtigen Augenblick so lebe, dass ich ihn mit Liebe fülle.

Dafür muss ich eine radikale Wahl treffen, nämlich Gott den ersten Platz in meinem Leben überlassen. Und zwar nicht nur dann, wenn ich etwas Auffallendes tun kann, sondern eben in jeder Minute. Eine andauernde Wahl, das ist die Forderung der Liebe.

Dafür muss ich auch zwischen Gott und seinen Werken unterscheiden, denn die Werke Gottes sind nicht Gott. Wenn Gott es will, dann muss ich bereit sein, seine Werke loszulassen – wie etwa mein pastorales Wirken, meine Pläne… –, um nur Gott allein zu wählen. Gott kann alles besser als ich und auch ohne mich tun. Was mir am wichtigsten ist – den Willen Gottes zu erfüllen suchen, im gegenwärtigen Augenblick in der Liebe, verbunden mit Maria.

Als man mich in den Laderaum des Schiffes „Hai-Phong“ brachte, um mich mit 1500 anderen Gefangenen nach Norden zu transportieren, sagte ich mir: Hier ist der Wille Gottes, dieses Schiff ist meine Kathedrale und das Umerziehungslager Lap-Thach ist meine Diözese.

2. Mit Gewalt kann man keine Herzen wandeln, aber mit Liebe kann man alles ändern.

Der Beginn der Isolierhaft war sehr bedrückend. Meine jungen Wärter hielten auf Abstand, argwöhnisch, fast feindselig, als Antwort nur ein kaltes Ja oder Nein. Das waren unsere ganzen Beziehungen.

Ich sagte mir, ich muss sie lieben, denn es ist Christi Gebot. Also entschloss ich mich, zu ihnen immer freundlich zu sprechen, mit einem Lächeln, ohne Vorurteile, alle Gelegenheiten zu suchen, um ihnen meine Liebe zu bezeugen, meine Sympathie. Die Atmosphäre änderte sich allmählich. Sie begannen, mit mir über allerlei Dinge zu reden, vor allem über das Leben außerhalb von Vietnam, in Frankreich, in Amerika, in Deutschland, in Australien... Es interessierte sie, eine andere Welt als die kommunistische Welt zu kennen, und das erstaunte sie.

Später gestanden sie mir ehrlich: „Man hat uns gesagt, Sie seien ein großer Reaktionär, sehr gefährlich. Wenn Sie die Adresse von uns, von unserer Familie kennen würden, dann schickten Sie Ihre Agenten, um uns alle zu töten.“

„Ich liebe Euch alle wirklich, ich will Euch nur Gutes tun."

„Ist dies möglich? Wir sind Ihre Feinde, wir haben Ihnen Böses angetan, werden Sie uns verzeihen?"

„Ich liebe Euch alle wirklich wie meine Seminaristen daheim. Die Vergangenheit vergesse ich, ich denke nur an die Zukunft, man muss sich zu versöhnen wissen, um unser Land wieder aufbauen zu können. Selbst wenn Ihr mich tötet, mich hasst, liebe ich Euch. Denn Jesus hat mir das geboten. Wenn nicht, wann wäre ich nicht würdig, ein Christ genannt zu werden."

Eines Tages, als ich Holz fällen und sägen musste, fragte ich einen Wärter: „Erlauben Sie, dass ich mir ein Holzkreuz mache?" – „Im Lager ist das Tragen religiöser Zeichen verboten, Sie werden bestraft, es ist gefährlich für Sie und auch für mich." – „Es ist ein Andenken, schließen Sie einige Minuten die Augen..." Er schwieg, er schloss die Augen nicht, aber er drehte mir den Rücken zu und ich konnte mein kleines Holzkreuz herstellen. Ich steckte es in ein Stück Seife, der Kontrollen wegen, nachher ist es mein Brustkreuz geworden.

In einem anderen Gefängnis sagte ich einem anderen Wärter: „Ich hätte eine Bitte an Sie: Schneiden Sie mir bitte etwas Leitungsdraht ab." – „Wozu? Das ist ein Vergehen gegen die Sicherheit. Wollen Sie sich umbringen?" – „Nein, ich möchte mir nur eine Kette für das Kreuz machen." – „Wie wollen Sie das machen?" – „Leihen Sie mir zwei kleine Zangen und ich zeige es Ihnen..." Er gab mir nicht nur, was nötig war, sondern er half mir auch, die Kette in drei Stunden herzustellen, das heißt vor der Wachablösung, damit sein Nachfolger nichts merkt.

Mit der Zeit baten sie mich, ihnen Französisch und Englisch beizubringen, sie brachten mir die Bücher Streamline: Sie wurden meine Schüler. Die Polizeiobern telefonierten mir, ich möge doch auch andere unterrichten, die nicht meine Wärter waren.

Die Zeit fehlt mir, um noch von anderen Dingen zu sprechen, doch ich bin überzeugt, dass man mit Liebe vieles ändern kann. Denn wo die Liebe ist, da ist Gott, und die Gnade Gottes ist unwiderstehlich, vorausgesetzt, wir betrachten die anderen mit den Augen Gottes und nicht mit unseren eigenen.

3. Jesus – gekreuzigt und verlassen.

Ich bemühte mich, den gegenwärtigen Augenblick zu leben, ihn mit Liebe zu erfüllen, alle zu lieben, wie Jesus mich liebt.

Aber ich war schwach und die Isolierung dauerte und dauerte, keine Nachricht von der Kirche, von meiner Diözese. Das war für mich eine wahre geistige Tortur. Enttäuscht, nichts für meine Gläubigen tun zu können, ich hatte doch noch pastorale Pläne, die ich nicht ausgeführt hatte. Eine unnütze Leere im Leben eines Hirten? Manchmal überkam mich Überdruss, Traurigkeit, Verzweiflung. Ich verstand ein wenig den Schmerz Jesu im Garten von Getsemane. Und dann schaute ich auf Jesus – verlassen und gekreuzigt:

Er ist da, er kann nicht predigen, keine Kranken heilen, keine Sakramente spenden, keine Wunder wirken. Er ist im Abgrund der Niederlage, des völligen Misserfolges, er ist in der totalen Unbeweglichkeit. Aber mein Glaube sagt mir: In diesem Augenblick, am Kreuz, hat Jesus die größte Tat seines Lebens vollbracht – er gab sein Leben, um uns zu retten, die ganze Menschheit.

Meine lieben Freunde,

das waren einige Gedanken, die mir geholfen haben, in Frieden, Freude und Hoffnung zu leben; inmitten der Wirren, die ich unübersteigbar glaubte. Nicht ich habe etwas tun können, sondern Jesus, der in mir lebte. Und Maria half mir dabei, dank Eurer Gebete. Ich danke Euch von ganzem Herzen.

Kapitel III wurde aus dem Vietnamesischen übersetzt von
Herrn DDr. und Frau Bui/Cong Tang Ton Nu
Offenbach

Ihnen herzlichen Dank dafür.

Herzlichen Dank
auch für die Unterstützung
bei der Herausgabe dieses Buches:

Herrn Kardinal Joachim Meisner, Köln,

Herrn Prof. Dr. Georg Cremer, Generalsekretär des Deutschen Caritasverbandes, Freiburg,

Herrn Prälat Dr. Georg Hüssler, Freiburg,

Schwester Julitta
und der Gemeinschaft der Cellittinen, Köln,

Frau Mathilde Lang, Freiburg

Ebenfalls im Patris Verlag erschienen

Christian Feldmann

Gottes sanfter Rebell

Joseph Kentenichs Vision von einer neuen Welt

Im Konzentrationlager der Nazis in Dachau hat sich seine Liebe zu Gott, Christus und Maria als tragfähig erwiesen: „In der Hölle von Dachau haben wir den Himmel erlebt". Das „Liebesbündnis" mit Gott, mit Christus, mit Maria, mit den Menschen, die Überwindung der „Mechanisierung" und „Entpersönlichung", eine Welt verändernde „Werktagsheiligkeit": Worte aus seinem Sprachgebrauch, die heute so antiquiert und bieder klingen, haben sein Leben geprägt, enthalten Sprengstoff und stellen eine auf egomanischen Lebensgenuss, Lust und Konsum fixierte Gesellschaft ebenso in Frage wie ein verbürgertes, angepasstes Christentum. 160 Seiten, gebunden

Ida Friederike Görres

Der Geopferte

Ein anderer Blick auf John Henry Newman

Mit Vorwort von Hanna-Barbara Gerl-Falkovitz

Erst kürzlich wurde ein unbekannter Entwurf von Ida Friederike Görres (1901-1971) über den genialen „Kirchenvater des 20. Jahrhunderts", John Henry Newman (1801-1890), entdeckt. Görres liest zwischen den Zeilen der Geschichtsdaten das Menschliche, Gefährdete, von Gott Angeforderte, das Kühne und Bittere, kurz, das Gesicht eines Heiligen. Ihr Blick auf das Verschattete, leidvoll Getragene, Unerfüllte dieses reichen Geistes wirkt wie ein Blitz, der überraschend eine vielräumige Landschaft erhellt und vereinheitlicht. Im Dunkeln ist er ein Zeuge des Lichts.
2. überarbeitete Auflage 2005, 296 Seiten, kartoniert

Margarete Dach

Widerstand und Erlösung

Tagebücher und Briefe der „Dachmutter" 1930 - 1946

Mit Vorwort und Dokumenten hrsg. von Hanna-Barbara Gerl-Falkovitz

Eine unbekannte junge Westpreußin, Margarete Dach (1878-1946), Ehefrau und Mutter, wurde in den Jahren des Nationalsozialismus zum Leuchtfeuer für viele. Es ist wichtig, die vergessenen Namen, die versunkenen Gesichter zum Sprechen zu bringen, um den offenen und verborgenen christlichen Widerstand dieser Zeit aus dem Zwielicht der Verdächtigungen zu holen. Neben große Namen wie Bonhoeffer und Niemöller, Delp und Hans und Sophie Scholl gehören auch unvertraute Namen, so die bisher nur einem eingeweihten Kreis bekannte Margarete Dach.
2. überarbeitete Auflage 2005, 340 Seiten, kartoniert

Christian Feldmann

Sieben Menschen gegen den Hass

Sieben Kämpfer des anderen Deutschland gegen die Nazi-Diktatur. Sie vertreten eine eminent politische Botschaft, die Lebensgeschichten der hier vorgestellten Glaubenszeugen: Menschen wie Sophie und Hans Scholl, Edith Stein und Dietrich Bonhoeffer, Joseph Kentenich und Franz Reinisch, Nikolaus Groß und Bernhard Lichtenberg sind hervorragende Zeugen gegen jede Mitläufer-Mentalität. In ihrem Leben und Sterben leuchtet das zentral Christliche auf: Selbst in einer Welt des Hasses und der Gewalt antworten sie mit ihrer Liebe zu Gott und den Menschen, selbst wenn es sie das Leben kostet.
50 Seiten, illustriert, gebunden